Die Minderheitsrechte in der GmbH und ihre Reform

Zugleich ein Beitrag zum Wesen der GmbH

von

Dr. MANFRED KÜHN

Hamburg
Cram, de Gruyter & Co.
1964

INHALTSVERZEICHNIS

Abkürzungsverzeichnis

AG	Die Aktiengesellschaft, Zeitschrift für das gesamte Aktienwesen
BB	Der Betriebsberater, Zehntagedienst für Wirtschaft-, Steuer- und Sozialrecht
BGBl.	Bundesgesetzblatt
BGH	Bundesgerichtshof und Entscheidungen des Bundesgerichtshofes in Zivilsachen, zitiert nach Band und Seite
DB	Der Betrieb
DJT	Verhandlungen des Deutschen Juristentages, zitiert nach Jahr, Band, Seite
DNotZ	Deutsche Notarzeitschrift
DR	Deutsches Recht
GmbH Rdsch.	Rundschau für GmbH
HansOLG	Hanseatisches Oberlandesgericht Hamburg
HansRGZ	Hanseatische Rechts- und Gerichtszeitschrift
Hirth's Annalen	Annalen des Deutschen Reiches begründet von Hirth
JR	Juristische Rundschau
JW	Juristische Wochenschrift
JZ	Juristenzeitung
KG	Kammergericht
LZ	Leipziger Zeitschrift
MDR	Monatsschrift für Deutsches Recht
Monatsschrift	Monatsschrift für Handelsrecht und Bankwesen
Motive I	Motive zum BGB, Amtliche Ausgabe 1888, Allgemeiner Theil
NJW	Neue Juristische Wochenschrift
Notartag 61	Deutscher Notartag 1961, veranstaltet von der Gemeinschaft des Deutschen Notariats
OLG	Oberlandesgericht
OLGR	Mugdan-Falkmann: Die Rechtsprechung der Oberlandesgerichte auf dem Gebiet des Zivilrechts
RG	Reichsgericht und Entscheidungen des Reichtsgerichts in Zivilsachen, zitiert nach Band und Seite
RGBl.	Reichsgesetzblatt
ZgGenW	Zeitschrift für das gesamte Genossenschaftswesen
ZHR	Zeitschrift für das gesamte Handelsrecht und Konkursrecht

A. EINLEITUNG

I. Grundzüge der Entwicklung der GmbH und ihre wirtschaftliche Bedeutung

Seit dem Erlaß des „Gesetzes betreffend die Gesellschaften mit beschränkter Haftung" im Jahre 1892[1] sind über 70 Jahre vergangen. In diesem Zeitraum ist das Gesetz, abgesehen von einigen Einzelregelungen in den Grundzügen unverändert geblieben[2]. Obwohl durch die Übernahme der Rechtsform der GmbH in zahlreiche ausländische Rechtsordnungen[3], die „Erfindung" des deutschen Gesetzgebers eine überragende Anerkennung gefunden hat, hat es seit der Jahrhundertwende nicht an kritischen Stimmen und Reformvorschlägen gefehlt.

Eingeleitet von Bähr[4] entbrannte schon bei der Beratung des Gesetzes in den Gesetzgebungsorganen des Reiches der Kampf gegen die Rechtsform der GmbH als juristischer Person und gegen das Prinzip der beschränkten Haftung. Zu den späteren schärfsten Gegnern der GmbH dürfte Großmann-Doerth zu zählen sein. Er bezeichnet die GmbH als „unbestreitbar gescheitert"[5], als „Gegenstand des Volkswitzes"[6] und als „volkswirtschaftlichen Schädling"[7]. Die Auseinandersetzung um die Beibehaltung der Rechtsform der GmbH erreichte in der Anfangszeit des 3. Reiches seinen Höhepunkt. Ausgelöst durch den Zusammenbruch zahlreicher Kapitalgesellschaften in den Krisenjahren und das Offenbarwerden schwerer Mißbräuche mit den Gesellschaftsformen der AG und GmbH wurde unter dem nationalsozialistischen Schlagwort der „Verpersönlichung der Gesellschaftsformen" die Forderung nach Abschaffung der GmbH überhaupt laut. In die gleiche Rich-

---

1) RGBl. I S. 477.

2) Änderungen z. B. durch das Mitbestimmungsgesetz vom 21. 5. 51 und durch die wechselnde Festsetzung des Mindestkapitals durch mehrere Verordnungen und das D-Mark-Bilanzgesetz.

3) Übernommen wurde die GmbH von folgenden Ländern: Portugal 1901, Österreich 1906, Polen 1910, Brasilien 1910, Chile 1923, Bulgarien 1924, Frankreich 1925, Türkei 1926, Liechtenstein 1926, Kuba 1929, Ungarn 1929, Argentinien 1932, Luxemburg 1933, Mexiko 1934, Belgien 1935, Schweiz 1936, Jugoslawien 1937, Rumänien 1938, Italien 1941, Bolivien 1941, Paraguay 1941, Spanien 1953, Griechenland 1955.

4) Die Grenzboten, 1892, S. 210 und in seinen Reichstagsreden, vgl. die Zusammenstellung bei Klausing, 2. Bericht, S. 91.

5) Großmann-Doerth S. 172.

6) Ebenda.

7) Großmann-Doerth, S. 239.

tung zielten die 1934 erlassenen Umwandlungsgesetze, durch die eine Umwandlung von AG und GmbH in Personalgesellschaften angeregt werden sollte. Diese betont gegen die GmbH eingestellte Entwicklung fand ihren Abschluß in den Beratungen des „Ausschusses für Gesellschaften mit beschränkter Haftung", der im Auftrage der Akademie für Deutsches Recht eine Reform des GmbH-Gesetzes vorbereiten sollte, die aber wegen der Kriegsereignisse nicht über einen Entwurf des neuen Gesetzes[8] hinaus gedieh. Der Ausschuß stellte zu Beginn seiner Beratungen fest, daß die Rechtsform der GmbH „volkswirtschaftlich unentbehrlich sei"[9] und es nicht um das „Ob der Beibehaltung dieser Organisationsform, sondern lediglich um das Wie ihrer Regelung" gehen könne[10].

Nach dem 2. Weltkrieg war wiederum wie nach 1933 die Reform des Aktienrechtes vordringlicher. Nachdem diese bereits bis zu einem Regierungsentwurf eines neuen Aktiengesetzes vorgeschritten ist, ist auch eine Inangriffnahme der GmbH-Reform zu erwarten. Seit 1959 ist eine Sachverständigenkommission beim Bundesjustizministerium damit beschäftigt, die Vorarbeiten dazu zu leisten. Mit der Veröffentlichung eines Referentenentwurfes zu einem neuen GmbH-Gesetz ist allerdings nach Verlautbarungen des Justizministeriums erst in der 5. Legislaturperiode des Bundestages von 1965—1969 zu rechnen[11].

Bei dieser Reform kann bei dem heutigen Stand der Meinungen davon ausgegangen werden, daß an der grundsätzlichen Beibehaltung der Gesellschaftsform der GmbH kein Zweifel besteht[12]. Die Reform wird sich auf eine Änderung von Einzelregelungen beschränken. Eine nicht unwichtige Frage wird dabei die Abgrenzung der Mehrheitsherrschaft gegenüber den Rechten der Minderheit bilden, eine der „großen Streitfragen des Gesellschaftsrechts"[13]. Dieses Problem hat im Gegensatz zum Aktienrecht bisher für die GmbH in der Literatur kaum Beachtung gefunden.

Die rechtspolitische Bedeutung der kommenden Reform zeigt ein Vergleich der Anzahl und Kapitalausstattung der in der Bundesrepublik bestehenden GmbH und AG. Die Statistik für den 31. 12. 1961 ergibt folgendes Bild

	GmbH	AG
Anzahl	38 818	2 355
Kapital	16 732 Mill. DM	34 170 Mill. DM[14]

(nicht berücksichtigt sind dabei die GmbH und AG mit einem Stamm- bzw. Grundkapital in RM und fr. Francs, Saarland).

---

8) Entw. des Reichsjustizministeriums nebst amtl. Begründung, 1940 (nicht veröffentlicht).

9) Klausing 1. Bericht S. 12.

10) Klausing 2. Bericht S. 7.

11) Jahresbericht der Centrale für GmbH, GmbH-Rundschau 1963, 1.

12) Vgl. Baumbach-Hueck, GmbHG Einl. Anm. 3.

13) Schilling in Hachenburg § 14 Anm. 21.

14) Quelle: Statistisches Jahrbuch für die Bundesrepublik Deutschland, 1962 S. 210.

II. Minderheitsrechte – Minderheitsschutzbestimmungen

Unter dem Terminus Minderheitsschutzbestimmungen werden üblicherweise alle der Minderheit bei einer Gesellschaft zustehenden Möglichkeiten, sich gegen die Mehrheit zur Wehr zu setzen, d. h. eine abweichende Meinung gegenüber der herrschenden Mehrheit zur Geltung zu bringen, zusammengefaßt. Minderheitsschutzbestimmungen in diesem Sinne können alle Rechte des Einzelgesellschafters sein. So ist z. B. das auch für die GmbH geltende Anfechtungsrecht des Gesellschafters gegen Beschlüsse der Gesellschafterversammlung (GV) eine starke Waffe gegen mißbräuchliche Maßnahmen der Mehrheit. In der gleichen Weise kann sich etwa das Auskunftsrecht in der GV verwenden lassen. Schon die Möglichkeit der Aufdeckung eines bestimmten bedenklichen Verhaltens der Geschäftsführung oder anderer Gesellschafter und die damit verbundene Wirkung auf die an der GmbH interessierten Keise (Banken, Gläubiger usw.) kann die Geschäftsführung zur Vorsicht und zur Beachtung des Standpunktes der Minderheit veranlassen.

Einen Schutz der Minderheit bewirken weiter einige allgemeine Rechtsgrundsätze, auch wenn dieser nicht ihr alleiniger Zweck ist. Das Verbot, gegen die guten Sitten zu verstoßen, das Gebot, die Gesellschafter und damit auch die Minderheit nach Treu und Glauben zu behandeln, die Beachtung der bei der GmbH bestehenden Treupflicht des einzelnen Gesellschafters gegenüber seinen Mitgesellschaftern und der Gesellschaft als solcher, sowie der Zwang zur gleichmäßigen Behandlung als allgemeiner das Gesellschaftsrecht beherrschender Grundsatz entfalten eine große Schutzwirkung für die Minderheit gegenüber Übergriffen der Mehrheit. Der Minderheit kommen mittelbar auch Bestimmungen zum Schutz der Öffentlichkeit und der Gläubiger zugute, wie etwa die Sicherung des Stammkapitals der GmbH durch § 31 GmbHG und die strafrechtliche Verantwortlichkeit der Geschäftsführer und Gesellschafter der GmbH nach §§ 78 ff. GmbHG.

Von diesen Minderheitsschutzbestimmungen im weiteren Sinne sind die Minderheitsrechte zu unterscheiden. Diese sind der Kern des gesellschaftlichen Minderheitsschutzes. Während die Minderheitsschutzbestimmungen im weiteren Sinne nicht allein oder zuerst den Schutz der Minderheit bezwecken, sondern in ihrer Anwendung nur mittelbar einen solchen gewähren, werden durch die Minderheitsrechte der Minderheit selbst eigene Rechte zur Wahrung ihrer Interessen innerhalb der Gesellschaft verliehen.

III. Der Begriff der Minderheit

Rein sprachlich bezeichnet das Wort „Minderheit" eine Anzahl von Personen, die sich gegenüber einer anderen Gruppe in einer schwächeren Stellung befinden. Die Minderheit setzt dabei begrifflich eine Mehrheit voraus. Mehrheit und Minderheit sind sich gegenseitig voraussetzende und ergänzende Begriffe. Eine Minderheit und ihr zustehende Rechte kann es daher nur bei Bestehen einer Mehrheit, d. h. in einem auf dem Prinzip der Mehrheitsherrschaft aufgebauten Gemeinschaftsverhältnis geben.

In der Rechtswissenschaft wird der Begriff der Minderheit in zwei verschiedenen Rechtskreisen verwandt, im Völker- bzw. Staatsrecht und im Recht der privatrechtlichen Personenvereinigungen. Im Völker- und Staatsrecht wird die Minderheit definiert als Gruppe innerhalb eines Staates, die ethnisch, sprachlich oder nach ihrem religiösen Bekenntnis der Staatsnation nicht angehört und ihre Eigenart zu erhalten wünscht[15].

Im Bereich des Gesellschaftsrechts ist der Begriff Minderheit auf das Recht der Korporationen beschränkt. Nur bei diesen besteht das die rechtliche Regelung der Minderheit voraussetzende Mehrheitsprinzip; nur bei *körperschaftlich* strukturierten Vereinigungen ist der einzelne und die Minderheit dem Beschluß der Gesellschaftermehrheit unterworfen: Nach § 47 I GmbHG entscheiden die Gesellschafter der GmbH im Grundsatz mit der Mehrheit der abgegebenen Stimmen. Ein entsprechender Mehrheitsgrundsatz gilt für die AG, § 113 AktG, für die eingetragene Genossenschaft, § 43 GenG, für den Verein, § 32 I, 3 BGB, für den VVaG, § 34 VAG.

Im Gegensatz zu den Korporationen sind die Individualgesellschaften auf dem Prinzip der Einstimmigkeit aufgebaut. Bei der BGB-Gesellschaft, bei der OHG und der KG besteht nach dem gesetzlichen Normalstatut keine Machtunterworfenheit des einzelnen Mitglieds unter den Willen der Gesellschaftermehrheit. Die Struktur der Individualgesellschaften beruht auf dem Bestehen von Individualrechten der einzelnen Mitglieder. Die Rechte des Einzelgesellschafters ergänzen und beschränken einander. Der Widerstreit verschiedener Interessenrichtungen der Gesellschafter ist nicht wie bei den Korporationen durch den Sieg der quantitativ mächtigeren Richtung, sondern im negativen Sinne gelöst. Gem. § 709 I BGB bedarf jedes Geschäft der BGB-Gesellschaft, gem. § 116 II HGB jedes „ungewöhnliche“ Geschäft der OHG der Zustimmung aller Mitglieder. Besteht eine Einzelgeschäftsführungsbefugnis, so hindert der Widerspruch jedes Gesellschafters die Ausführung der geplanten Maßnahme, §§ 711 BGB, 115 I HGB. Eine Minderheit kann in den Individualgesellschaften — jedenfalls nach dem gesetzlichen Normalstatut — nicht bestehen. Für die Funktionen besonderer Minderheitsgesetze ist auf Grund des Systems der Individualrechte kein Raum.

Im GmbHG fehlt wie auch im Recht der anderen Korporationen eine zusammenfassende Behandlung aller Minderheitsrechte und eine Definition der Minderheit. Das GmbHG verwendet den Ausdruck „Minderheit“ an keiner Stelle. Der Gesetzgeber spricht, wenn er die Gruppe der Gesellschafter bezeichnen will, der bestimmte Rechte eingeräumt werden, von den „Gesellschaftern, deren Anteile zusammen mindestens dem zehnten Teil des Stammkapitals entsprechen“, §§ 50 I, 61 II, 66 II GmbHG. In der gleichen Weise wird verfahren im Vereinsrecht (§ 37 BGB: „der zehnte Teil der Mitglieder“) und im Genossenschaftsgesetz (§§ 45, 83 GenG: „der zehnte Teil der Genossen“).

Im Aktiengesetz von 1937 wird dagegen das Wort Minderheit in einer Reihe von Vorschriften gebraucht, so in den §§ 84 V, 2, 88 IV, 2, 118 II, 1,

[15]) Handwörterbuch der Sozialwissenschaften Bd. VII, S. 346.

118 III, 1, 122 I, 123 II, III, IV, 124, 136, 206 II AktG, wobei gleichsam als Legaldefinition jeweils die Kapitalbeteiligung in Bruchteilen genannt wird, die die Minderheit in den einzelnen Fällen erreichen muß. In einigen Fällen, §§ 106 II, 198 II AktG, wird auch hier die Minderheit mit der Wendung „Aktionäre, deren Anteil zusammen den zehnten (bzw. zwanzigsten) Teil des Grundkapitals erreichen" umschrieben. Ebenso uneinheitlich ist auch die Terminologie des Regierungsentwurfes zum Aktiengesetz.

Aus den verschiedenen Formulierungen in den Einzelgesetzen wird man indes keine Rückschlüsse auf eine verschiedenartige Begriffsbestimmung der Minderheit ziehen dürfen.

Die Minderheit im gesellschaftsrechtlichen Sinne ist eine Quotenminderheit, die in Bruchteilen der Gesamtmitgliederzahl (so beim Verein und der Genossenschaft) oder in der Innehabung eines Bruchteils des Gesellschaftskapitals (so bei der GmbH und der AG) ausgedrückt wird. Eine Abweichung von dem Grundsatz der Bruchteilsminderheit findet sich in dem Regierungsentwurf zu einem AktG. Dieser bestimmt die Minderheit nicht nur durch einen Kapitalbruchteil, sondern umschreibt diesen auch mit der Innehabung eines bestimmten ziffernmäßigen Betrages des Grundkapitals (§§ 90 IV, 100 II, 135 II, 135 III, 140 I, 151 II Reg.Entw.AktG. = 2 Mill. DM; §§ 249 II, 254 II Reg.Entw.AktG. = 1 Mill. DM). Statt der je nach der Kapitalausstattung der Gesellschaft variablen Berechnungseinheit der Minderheit ist hier ein fester Maßstab vorgesehen.

Aus der Definition der Minderheit als einer Kapitalminderheit, die durch einen Bruchteil des Gesellschaftskapitals bestimmt wird, ergibt sich, daß bei der GmbH und der AG die Minderheit auch von einem einzelnen Gesellschafter gebildet werden kann, der über die vorgeschriebene Kapitalbeteiligung verfügt. Eine Personenmehrzahl ist nicht wie beim Verein und der Genossenschaft vorgeschrieben.

Wird die Minderheit von mehreren Personen gebildet, so stellt sich die Frage, ob die Übereinstimmung der Minderheitsgesellschafter in der Herbeiführung einer bestimmten Maßnahme zur Bildung einer Minderheit genügt, oder ob die betr. Gesellschafter dauernd durch ein rechtliches oder tatsächliches Band verbunden sein müssen. Ist als Minderheit nur eine Gruppe von Gesellschaftern anzusehen, die sich dauernd in einer schwächeren Stellung gegenüber der Mehrheit befindet, weil ihr z. B. ein Gesellschafter mit über 50 % des Stammkapitals oder mehrere Gesellschafter, die auf Grund von Stimmrechtsvereinbarungen oder Familienzusammengehörigkeit ihre Stimmen nur gemeinschaftlich abzugeben pflegen, gegenüberstehen; oder ist eine Minderheit auch dann gegeben, wenn sich mehrere Gesellschafter der GmbH zufällig und nur für diesen einen Fall zusammenschließen? Nur im ersteren Fall, also bei einer dauernden, institutionalisierten Minderheit will offenbar Scholz von Minderheitsgesellschaftern sprechen, die sich „vermöge der Kleinheit ihres Stimmrechts ... den anderen Gesellschaftern gegenüber, der Mehrheit ... nicht durchsetzen können"[16/17]. Von einer solchen dau-

[16]) Scholz, GmbH-Rdsch. 1955, 36.

ernden Minderheit geht auch das Konzernrecht aus. Unter Minderheitsgesellschaftern sind dort die Gesellschafter zu verstehen, die außerhalb des Konzerns stehen und die bei den gegebenen Machtverhältnissen keinen Einfluß auf die Verwaltung auszuüben vermögen[18].

Dem GmbHG ist ein solcher Begriff der Minderheit fremd. Der Gesetzgeber geht von einem Idealbild der Gesellschafterversammlung aus, in der über die einzelnen Maßnahmen in sachlicher Diskussion und nach sachlichen Gesichtspunkten entschieden wird. Formale Voraussetzung für die Geltendmachung der Minderheitsrechte ist nur, daß sich genügend Gesellschafter zusammentun, um die geforderte Quote des Stammkapitals zu erreichen.

IV. Berechnung der Minderheit

Die Minderheit bei den sog. positiven Minderheitsrechten, bei denen der Minderheit bestimmte Rechte zum selbständigen Vorgehen eingeräumt werden, muß als reine Kapitalminderheit in allen Fällen 10 % des eingetragenen Stammkapitals der GmbH umfassen, §§ 50, 61, 66 GmbHG. Ein anderer Rechnungsmodus ist für die Minderheit in den Fällen der sog. negativen Minderheitsrechte gewählt. Negative Minderheitsrechte sind immer dann gegeben, wenn das Gesetz oder der Gesellschaftsvertrag eine qualifizierte Mehrheit für einen Beschluß fordert. Ist z. B. nach § 53 GmbHG eine Mehrheit von 3/4 der Stimmen zur Satzungsänderung erforderlich, so besteht für eine Minderheit von einer Stimme über 1/4 der abgegebenen Stimmen als Sperrminorität die Möglichkeit, den Beschluß zu verhindern.

Die Sperrminorität ist nach dem Bruchteil der abgegebenen Stimmen zu berechnen. Entsprechend dem sog. „kapitalistischen" Prinzip der GmbH wird die Verteilung der Stimmen nicht nach der Person des Gesellschafters, sondern nach seinem Anteil an dem Stammkapital der GmbH vorgenommen[19]. Nach der Regel des § 47 II GmbHG gewähren je 100,— DM eines Geschäftsanteiles eine Stimme, so daß die Stimmenminderheit mit der Kapitalminderheit identisch ist.

---

17) Das Merkmal der dauernden Verbundenheit in objektiver und subjektiver Hinsicht findet sich in der Definition der Minderheit im staats- und völkerrechtlichen Sinne: Verbundenheit durch sprachliche, ethnische oder religiöse Merkmale und der Wille, diese Zusammengehörigkeit aufrecht zu erhalten (Handwörterbuch der Sozialwissenschaften Bd. VII, S. 346).

18) Amtl. Begründung zum Reg.Entw. AktG S. 214 f.

19) Auf die Person des Gesellschafters wird bei der GmbH nur bei der Gründung abgestellt. Zu dieser sind mindestens zwei Gesellschafter erforderlich, und beide müssen den Gesellschaftsvertrag unterzeichnen, § 2 GmbHG. Von Bedeutung ist das Personenstimmrecht weiter in §§ 53 III, 31 II GmbHG. Soll eine Vermehrung der den Gesellschaftern obliegenden Leistungen beschlossen werden, so ist der Beschluß nur wirksam unter Zustimmung der betroffenen Gesellschafter, wobei ihre Beteiligung am Stammkapital der Gesellschaft ohne Einfluß ist. Soll ein Geschäftsanteil im Wege der Amortisation eingezogen werden, ist gleichfalls die Zustimmung des Berechtigten erforderlich, es sei denn, dieser habe den Geschäftsanteil bereits belastet mit der Amortisationsmöglichkeit erworben, § 31 II GmbHG.

In zweifacher Weise kann im Gesellschaftsvertrag von dem Grundsatz des § 47 II GmbHG abgewichen werden. Einmal kann eine andere Summe des Geschäftsanteiles als Bezugsgröße für die Stimmenverteilung gewählt werden, so daß z. B. schon auf je 50,— DM oder erst auf je 500,— DM jedes Geschäftsanteiles eine Stimme entfällt. In diesem Fall ändert sich nur die absolute Zahl der Stimmen, nicht aber die Relation zwischen Kapitalanteil und Stimmenmacht. Zum anderen kann einem Gesellschafter abweichend von der Regel, nach der jeder festgesetzte Teil des Geschäftsanteiles eine Stimme gewährt, für seinen Anteil eine nicht nach dem Verhältnis seiner Kapitalbeteiligung berechnete höhere Anzahl von Stimmen zugebilligt werden. Es handelt sich dann um die Schaffung eines sog. Mehrstimmrechtsanteils.

Das Institut des Mehrstimmrechtsanteils ist als Mehrstimmrechtsaktie im Aktienrecht geregelt. Nach § 12 II AktG sind Mehrstimmrechtsaktien nur mit behördlicher Genehmigung zulässig. Das GmbHG trifft demgegenüber keine Bestimmung über die Zulässigkeit von Geschäftsanteilen mit erhöhtem Stimmrecht. Man wird mit der herrschenden Lehre[20] die andersartige Verteilung des Stimmrechts für zulässig erachten müssen. Die §§ 46 ff. GmbHG, also auch der hier entscheidende § 47 II GmbHG, sind nach der ausdrücklichen Bestimmung des § 45 II GmbHG dispositives Recht. Sie gelten nur in „Ermangelung besonderer Bestimmungen des Gesellschaftsvertrages". Gegen die gesellschaftsvertragliche Einführung von Mehrstimmrechtsanteilen sprechen nicht wie im Aktienrecht besondere im öffentlichen Interesse liegende Gründe[21]. Auch der Schutz des einzelnen Gesellschafters der GmbH erfordert kein Verbot. Mehrstimmrechtsanteile können entweder im Gründungsstatut oder durch Satzungsänderung eingeführt werden. Die Bestimmung im Gründungsstatut bedarf der Einstimmigkeit, die nachträgliche Einfügung der satzungsändernden Mehrheit von $^3/_4$ aller Stimmen[22].

Beim Bestehen von Mehrstimmrechtsanteilen ist die Stimmenmehrheit nicht mehr identisch mit der Kapitalmehrheit. Letztere kann je nach der konkreten Festsetzung der Stimmen gegenüber der Stimmenmehrheit in die Minderheit gedrängt werden.

Wird durch die Schaffung solcher Mehrstimmrechtsanteile die Berechnung der Minderheit beeinflußt? Bei den positiven Minderheitsrechten bestimmt

---

20) Schmidt in Hachenburg § 47 Anm. 7; § 5 Anm. 51 ff.; Scholz § 47 Anm. 11; Baumbach-Hueck, GmbHG § 47 Anm. 3 D; Würdinger, Kapitalges. S. 253; anders nur J. v. Gierke, Handelsrecht S. 415.

21) Schmidt in Großkommentar zum AktG § 12 Anm. 3 und 4.

22) Neflin (GmbH-Rdsch. 63, 23) fordert darüber hinaus Zustimmung all der Gesellschafter, deren Stimmrecht durch die Schaffung von Mehrstimmrechtsanteilen verhältnismäßig verringert wird, da jeder Gesellschafter ein Sonderrecht auf die Erhaltung seines verhältnismäßigen Stimmrechts habe. Diese Auffassung erscheint nicht folgerichtig. Das Stimmrecht des GmbH-Gesellschafters ist — wie auch Neflin anerkennt — nicht unentziehbar. Nach h. L. und Rspr. kann einem Gesellschafter das Stimmrecht völlig entzogen werden (Schmidt in Hachenburg § 47 Anm. 7a; Scholz § 47 Anm. 11; HansOLG OLGR 3, 66; Feine S. 523). Ein Sonderrecht i. S. des § 35 BGB besteht daher auch nicht für die Erhaltung des Stimmrechtsverhältnisses. Es muß nur der Grundsatz der gleichmäßigen Behandlung beachtet werden.

sich der Bruchteil der Minderheit allein nach dem Stammkapital der Gesellschaft. Welche Stimmenzahl mit dem Anteil von 10 % des Stammkapitals verbunden ist, ist gleichgültig. Die Minderheitsrechte der §§ 50, 61, 66 GmbHG können auch geltend gemacht werden von einem Gesellschafter, dem das Stimmrecht völlig entzogen ist. Maßgebend ist allein die Größe seines Geschäftsanteiles, der sich nach der Höhe seiner Stammeinlage richtet. Die Definition der Minderheit von Mainzer[23] und Baur[24] als „einer Stimmgestaltung, welche die Mehrheit nicht erreicht", trifft also auf die Minderheit bei der Geltendmachung von positiven Minderheitsrechten nicht zu. Letztere sind kein Annex des Stimmrechts, sondern ergeben sich aus der Mitgliedschaft in der Korporation[25].

Anders dagegen ist die Rechtslage bei den negativen Minderheitsrechten, die immer dann gegeben sind, wenn das Gesetz oder der Gesellschaftsvertrag eine qualifizierte Mehrheit voraussetzt. Die Berechnung der nach dem GmbHG erforderlichen qualifizierten Mehrheit richtet sich allein nach der Stimmenzahl. §§ 53 und 60 Nr. 2 sprechen von „einer Mehrheit von drei Vierteln der abgegebenen Stimmen". Die Regelung des Aktiengesetzes, das für die Gültigkeit eines Beschlusses mit qualifizierter Mehrheit nicht nur eine entsprechende Stimmenzahl, sondern auch die Zustimmung des entsprechenden Kapitalanteiles fordert (§§ 146 I, 149 I, 160 I, 169 II, 174 I, 175 I AktG: Der Beschluß bedarf einer Mehrheit, die mindestens drei Viertel des bei der Beschlußfassung vertretenen Grundkapitals umfaßt), ist nicht in das GmbHG übernommen worden. Auf die bloße Mehrheit der Stimmen wird auch bei den qualifizierten Mehrheiten in den §§ 269, 283 AktG bei Umwandlung einer GmbH in eine AG bzw. KG aA abgestellt[26]. In diesen Vorschriften wird ausdrücklich auf § 53 GmbHG verwiesen. In diesen Fällen richtet sich die Sperrminorität allein nach dem Bruchteil der Stimmenzahl, unbeachtlich ist die Größe des Kapitalanteils der Minderheit.

Kapitalminderheit ist die Sperrminorität nur bei den qualifizierten Beschlüssen, die zur Umwandlung einer GmbH durch Mehrheitsbeschluß nach den §§ 24, 9, 19, 22 UmwandlungsG erforderlich sind. Es gelten hier für die GmbH die gleichen Mehrheitserfordernisse wie für die AG[27].

---

23) Mainzer S. 11.
24) Baur S. 10.
25) J. v. Gierke, Handelsrecht, S. 315.
26) Böttcher-Meilicke § 269 Anm. 17.
27) Böttcher-Meilicke UmwG § 24 Anm. 7.

B. BEGRIFF UND WESEN DER GMBH

I. Einteilungen der Gesellschaftsformen

Wenn der Versuch gemacht werden soll, Begriff und Wesen der GmbH zu definieren, ist zunächst zu klären, was unter diesen Ausdrücken zu verstehen ist. Ausgehend von Otto v. Gierke[1], sind unter dem Begriff der GmbH die Merkmale zu verstehen, die eine Gesellschaft aufweisen muß, um dem GmbHG zu unterstehen. Der Begriff der GmbH beschreibt die Mindestvoraussetzungen des GmbHG, er gibt die Grenzen an, innerhalb derer sich diese Gesellschaftsform bewegen darf.

Im Gegensatz zu dieser rein formalen Abgrenzung gibt die Frage nach dem Wesen oder der rechtlichen Natur der GmbH den „Schlüssel für das innere Verständnis dieser Gesetzesvorschriften, die ... im Hinblick auf ein in seiner normalen Erscheinung vorgestelltes Lebensgebilde ergangen sind"[2]. Bei der Betrachtung des Wesens der GmbH ist nicht eine Definition zu suchen, die die Grenzen angibt und weit gefaßt sein muß, um alle Abweichungen und Besonderheiten zu umfassen, sondern hier ist von dem Normalstatus der GmbH auszugehen, um so den rechtlichen und wirtschaftlichen Inhalt dieser Rechtsform zu erfassen.

Der Begriff der GmbH läßt sich unschwer aus den gesetzlichen Vorschriften entnehmen. Danach ist die GmbH eine Handelsgesellschaft mit eigener Rechtspersönlichkeit, § 13 GmbHG, die jeden gesetzlichen Zweck verfolgen kann, § 1 GmbHG, bei der die Mitglieder mit Einlagen auf das Stammkapital beteiligt sind und den Gläubigern nur das Gesellschaftsvermögen haftet[3].

Die Definition, die die ganze Breite der möglichen gesellschaftlichen Betätigungsformen von der Religionsgesellschaft mbH bis zur Kartell GmbH und von der Einmann- bis zur Massen-GmbH umfaßt, veranlaßte Fränkel[4] zu dem bekannten Ausspruch, „die GmbH sei keine Unternehmensform von wirtschaftlicher Eigenart, sondern ein Protheus wirtschaftlicher Verbände, der alle Gesellschaftsformen zu ersetzen vermag". Diese Betrachtungsweise richtet jedoch zu sehr den Blick auf die Variationsmöglichkeit, die bei der GmbH zwar im besonders großen Maße gegeben ist, verkennt aber, daß das Gesetz von einer Grundform in dem gesetzlichen Normal-

---

1) O. v. Gierke, Genossenschaftstheorie, S. 440.
2) Feine S. 35.
3) Feine S. 36.
4) Fränkel S. 251.

statut ausgeht und daß dieses seiner rechtlichen Natur nach bestimmt werden kann[5].

Um das Wesen der GmbH zu erkennen, ist diese in das System der anderen Handelsgesellschaften einzuordnen und ihr Standort innerhalb der übrigen Institute des Gesellschaftsrechts festzulegen.

Vielfältig sind die Einteilungs- und Abgrenzungsmerkmale der einzelnen Gesellschaftsformen. Für diese Untersuchung, die Aufschlüsse über die Struktur der Minderheitsrechte und ihre Stellung innerhalb der GmbH geben soll, sind insbesondere die Einteilungen der Gesellschaftsformen in einerseits Personal- und Kapitalgesellschaften und andererseits in individuelle und kollektive bzw. körperschaftliche Vereinigungen von Bedeutung. Diese Arten der Gesellschaften sind nicht vom Gesetz definiert, sondern von der Rechtswissenschaft geprägt worden. So sprechen zwar das Steuerrecht und das Umwandlungsgesetz (§ 1 VermögensStG, § 2 GewerbeStG, § 1 UmwG) von Kapitalgesellschaften, ohne jedoch diesen Begriff anders als durch eine Aufzählung der hierzu gehörenden Gesellschaftsformen zu erläutern.

Über die Abgrenzung dieser als Gegensätze gedachten Gesellschaftsformen herrscht auch heute noch Streit. Dies liegt vor allem daran, daß die Begriffe miteinander vertauscht werden und Verschiedenes unter gleichem Namen zusammengefaßt wird. So werden vielfach die Begriffe der individualistischen und der Personalgesellschaft und der kollektivistischen und der Kapitalgesellschaft synonym gebraucht[6]. Die OHG, die unbestritten der Prototyp der individuellen Gesellschaft ist, wird häufig in Anlehnung an ihren französischen Namen (société en nom collectif) als Kollektivgesellschaft bezeichnet[7]. Weiter wird die für die Handelsgesellschaften geltende Systematik durch die Einteilung in rechtsfähige und nicht rechtsfähige Vereinigungen durchschnitten, wobei erstere den kollektivistischen Gesellschaften zugehörig betrachtet werden und wiederum in Personal- und Kapitalkörperschaften aufgeteilt werden können[8]. Scholz[9] bezeichnet es als gleichbedeutend, ob von Rechtspersönlichkeit, Rechtsfähigkeit, juristischer Person oder Körperschaft gesprochen wird.

Unter einer Kapitalgesellschaft ist eine Personenvereinigung zu verstehen, bei der der gemeinschaftliche Zweck durch die unpersönliche Vereinigung der Kapitalbeiträge der Mitglieder erzielt werden soll, die Person des Mitgliedes also in den Hintergrund tritt und unwesentlich ist und es allein auf die Kapitaleinlage ankommt. Im Gegensatz hierzu ist eine Personal- bzw. Personengesellschaft eine Vereinigung, bei der die Zusammenfassung der persönlichen Arbeitskraft der Mitglieder im Vordergrund steht und die Kapitaleinlage, die auch in der Regel bei den Personalhandelsgesellschaften vorhanden ist, nicht ausschlaggebend ist, sondern nur einen

---

5) Feine S. 37.
6) Wieland I, S. 391, 393; Haupt S. 11.
7) Wieland, Handelsrecht I, S. 390.
8) Wieland, Handelsrecht I, S. 477; Würdinger, Kapitalgesellschaften, S. 16.
9) Scholz, § 13 Anm. 2.

Annex bildet[10]. Unter der Personal- und Kapital g e s e l l s c h a f t sind dabei nicht nur die Gesellschaften nach dem Sprachgebrauch des BGB, d. h. die Gesellschaften im engeren Sinne, die Gesamthandsgemeinschaften, sondern auch die Gesellschaften im weiteren handelsrechtlichen Sinne zu verstehen, die nach der Terminologie des BGB zu den Vereinen zu zählen wären.

Die Definition der Kapital- bzw. der Personalgesellschaft wird in der Literatur durch Einzelbeispiele erläutert und ergänzt. Merkmale der Kapitalgesellschaft sollen danach sein: ein ziffernmäßig festgelegtes Kapital der Gesellschaft, grundsätzlich freie Veräußerlichkeit und Vererbung der Anteile, keine persönliche Mitarbeit der Gesellschafter, Führung der Geschäfte durch besondere Organe (Drittorganschaft), keine persönliche Haftung der Gesellschafter, sondern nur Haftung des Gesellschaftsvermögens, keine Ausschluß- und keine Kündigungsmöglichkeit für den Gesellschafter[11]. Charakteristisch für die Personalgesellschaft sind demgemäß die entgegengesetzten Merkmale.

Daß dabei alle diese Merkmale gegeben sein müßten, um eine Gesellschaftsform einem bestimmten Typ zurechnen zu können, wird nicht vorausgesetzt. Ebensowenig wird die Zugehörigkeit einer Gesellschaft zu einem bestimmten Typ aufgehoben, wenn sie etwa eines der dem entgegengesetzten Typ angehörenden Merkmale besitzt. Eine eindeutige Klassifizierung der Gesellschaftsformen ist somit durch diese Begriffsbestimmung nicht möglich. Das liegt jedoch nicht an deren Mangelhaftigkeit, sondern an der Unmöglichkeit, die vielfältigen Formen des wirtschaftlichen Lebens in starre Schemata zu pressen. Die Merkmale der Personal- und Kapitalgesellschaft sowie jeder anderen Einteilung sind nicht als Gegensätze im absoluten, sondern im relativen Sinne aufzufassen. Es gibt mannigfache Übergänge und Mischformen. Hueck[12] vergleicht diesen Zustand mit einer Farbskala, bei der die Töne ganz langsam ineinander übergehen. Auch bei der Einstufung der GmbH kann es nicht um eine eindeutige und absolut gültige Klassifizierung gehen, sondern nur um die Feststellung, zu welcher Art der Gesellschaftsform die GmbH tendiert.

Die Einteilung der Gesellschaften in individualistische und körperschaftliche ist als Einteilung unter dem Gesichtspunkt der inneren Organisation zu verstehen. Die individualistischen Gesellschaften sind Gesellschaften im engeren Sinne, also z. B. BGB-Gesellschaft und OHG, bei denen das Einstimmigkeitsprinzip herrscht und ein Gesamthandsvermögen gebildet wird. Korporationen sind dagegen die auf der Grundlage des verselbständigten Gesellschaftsvermögens aufgebauten und vom Mehrheitsprinzip beherrschten Vereine oder Gesellschaften im weiteren Sinne. Nicht völlig synonym dieser Einteilung ist die Unterscheidung in rechtsfähige und nichtrechtsfähige Vereinigungen. Der nichtrechtsfähige Verein soll zwar gemäß § 54 BGB nach dem Recht der individuellen Gesellschaft behandelt werden, die

---

[10]) Würdinger, Kapitalgesellschaften, S. 16; H. Lehmann S. 13; J. v. Gierke, Handelsrecht, S. 170; Hueck, Gesellschaftsrecht, S. 8.

[11]) Haupt S. 10; Hueck, Gesellschaftsrecht, S. 8.

[12]) Hueck, Gesellschaftsrecht, S. 9.

Rechtsprechung und Lehre anerkennen jedoch auch hier den körperschaftlichen Aufbau. Weiter erscheint ungeachtet der individuellen Struktur die OHG nach außen hin als selbständiger Rechtsträger weitgehend der juristischen Person angenähert.

Die Begriffspaare Personal-/Kapitalgesellschaften und individuelle Gesellschaften/Körperschaften sind nicht gleichwertig und bezeichnen nicht nur den gleichen Gegenstand mit verschiedenen Namen.

Die Genossenschaft ist zweifellos körperschaftlich organisiert, also der Struktur nach Verein und trotzdem Personalgesellschaft oder genauer Personalkörperschaft. Das Gleiche findet sich bei allen Idealvereinen, wo die kapitalmäßige Beteiligung in Form der Beitragszahlungen völlig hinter die Person des Mitgliedes zurücktritt.

II. Die herrschende Lehre zum Wesen der GmbH

Folgend diesem Einteilungsschema wird die GmbH ganz allgemein dem Typus der Kapitalgesellschaft zugerechnet[13]. Es wird dabei zwar nicht verkannt, daß in der GmbH verschiedene personengesellschaftliche Elemente stark ausgeprägt sind und daß die GmbH daher eine gewisse Mittelstellung zwischen Kapital- und Personalgesellschaft einnimmt, der Schwerpunkt der GmbH aber soll in dem kapitalgesellschaftlichen Charakter liegen. Verbunden mit dieser Feststellung ist zugleich auch meist die Bestimmung der GmbH als einer kollektiven, körperschaftlich organisierten Gesellschaftsform.

Überwiegend wird bei der Behandlung der Rechtsnatur der GmbH diese mit der AG verglichen und ihr im Wesen mehr oder minder gleichgestellt. So bezeichnen Schilling[14], Brodmann[15], Vogel[16], Feine[17] und Klausing[18] die GmbH als eine „AG, die auf Aktien verzichtet habe", als eine „kleine" oder „vereinfachte" AG, als eine „AG ohne Aktien". Schilling[19] und Römer[20] stellen fest, daß die GmbH in „ihren Grundprinzipien der AG gleiche", während Cosack[21], Gierke[22] und Hueck[23] die GmbH schlicht als „Abart der AG" verstehen wollen. Gierke spricht von der GmbH als der „jugendli-

---

[13]) Staub, 1. Aufl. Allgem. Einl. IV Anm. 10; Schilling in Hachenburg, Allgem. Einl. Anm. 13, Anm. 53 Anh. I zu § 3 Anm. 1; Baumbach-Hueck, GmbHG Einl. Anm. 1 u. 3; Vogel, Einl. S. 23; Scholz, Einl. II S. 26; Feine S. 44; Würdinger, Kapitalges., S. 235; Wieland, HR II S. 272; H. Lehmann S. 287; Molitor S. 13; Klausing, Textausg. Einl. S. XXIII; Müller-Erzbach S. 328; Neukamp, § 1 Anm. 2; Groschuff, § 1 Anm. 1; Reinhardt S. 8, 17.

[14]) Schilling in Hachenburg, Allgem. Einl. Anm. 1.

[15]) Brodmann, § 1 Anm. 2.

[16]) Vogel, Einl. S. 23.

[17]) Feine, S. 44.

[18]) Klausing, Textausg., Einl. S. XXVIII.

[19]) Schilling, a.a.O.

[20]) Notartag 61 S. 50.

[21]) Cosack S. 538.

[22]) J. v. Gierke, Handelsrecht, S. 406.

[23]) Hueck, Gesellschaftsrecht, S. 194; Baumback-Hueck, GmbHG, Einl. Anm. 5.

chen“[24] oder mißbilligend als der „leichtgeschürzten Tochter der AG“[25], C. Fischer[26] umschreibt die Verwandtschaft der GmbH zur AG mit der Bezeichnung „jüngere Schwester“.

Es wird zu prüfen sein, inwieweit diese Pauschalkennzeichnung, insbesondere die Betonung der nahen Verwandtschaft zur AG ihre Berechtigung hat und ob nicht auch im Hinblick auf die neuere Entwicklung in der Lehre und Rechtsprechung eine Korrektur dieser Vorstellung nötig ist. Die Untersuchung wird dabei neben dem Normalstatut des GmbH-Gesetzes auch dessen Entstehungsgeschichte und die rechtstatsächliche Gestaltung der GmbH in der Praxis berücksichtigen.

III. Die Entstehungsgeschichte des GmbHG

Die Rechtsform der GmbH kann nicht wie andere Formen des Gesellschaftsrechts, etwa wie die AG und die OHG, auf eine jahrhundertelange Tradition und eine langsame Entwicklung ihrer Grundsätze zurückblicken. Sie wurde vom Gesetzgeber bewußt neu geschaffen, um einem dringenden Bedürfnis der Wirtschaft nachzukommen.

Ausgelöst durch den großen wirtschaftlichen Aufschwung in den 70er und 80er Jahren, den sog. Gründerjahren, tauchte der Wunsch nach einer neuen Gesellschaftsform auf, die neben die bis dahin schon bestehenden Rechtsinstitute treten und insbesondere dem kleineren Kapital die Möglichkeit der wirtschaftlichen Betätigung geben sollte. Ein weiterer Grund für die Schaffung einer neuen Gesellschaftsform war die Notwendigkeit, eine geeignete Rechtsform für die Kolonialgesellschaft zu finden, die in den neu durch das Reich erworbenen Kolonien arbeiten sollte.

Den wirtschaftlichen Unternehmungen standen damals zwei große Gruppen von Gesellschaftsformen zur Verfügung. Auf der einen Seite die Personalgesellschaften in Form der OHG und der KG und auf der anderen als Kapitalgesellschaften die AG und die bergrechtliche Gewerkschaft. Zwischen diesen beiden Gruppen klaffte eine Lücke, wodurch nach Ansicht der Wirtschaftskreise der weitere wirtschaftliche Aufschwung gehemmt würde. Vertieft wurde diese Kluft zwischen den bestehenden Gesellschaften noch durch die Reform des Aktienrechts von 1884. Auf Grund zahlreicher Mißstände im Aktienwesen hatte man, um insbesondere Schwindelunternehmen zu beggenen, die Gründungsvorschriften u. a. mit „klirrender Schneidigkeit“ neu gefaßt.

Durch die immer stärkere Forderung der Wirtschaft, die von den Abgeordneten Oechelhäuser und Hamacher auch im Reichstag vertreten wurde[27], sah sich der damalige preußische Minister für Handel und Gewerbe, Fürst Bismarck, zu einer Umfrage an die preußischen Handelskammern und kaufmännischen Korporationen veranlaßt, in der die Wirtschaftskreise die Frage be-

---

[24]) J. v. Gierke, Handelsrecht, S. 406.
[25]) J. v. Gierke, a.a.O., S. 410.
[26]) C. Fischer S. 12.
[27]) Vgl. Feine S. 2.

antworten sollten: „ob und in welchem Umfang in den Kreisen des Handels und der Industrie eine Ergänzung des bestehenden Rechts durch Einführung neuer Rechtsformen für gesellschaftliche Unternehmungen als ein Bedürfnis empfunden wird“[28]. Am 7. 5. 1888 fand eine Sitzung des Ausschusses des Deutschen Handelstages statt, auf der, beeinflußt durch ein Referat des Abgeordneten Hamacher, die Notwendigkeit einer neuen Gesellschaftsform grundsätzlich bejaht wurde. Der Ausschuß legte Bismarck am 7. 12. 1888 ein Gutachten vor, in dem bereits „Grundzüge für die Form einer Gesellschaft mit beschränkter Haftbarkeit“ enthalten waren[29]. Auch die befragten preußischen Handelskammern und kaufmännischen Korporationen sprachen sich überwiegend für die Schaffung einer neuen Gesellschaftsform aus[30]. Von den 81 Kammern sprachen sich 52 für die Notwendigkeit und Zweckmäßigkeit der Einführung einer Gesellschaft mit beschränkter Haftung aus, und nur 29 verneinten ein Bedürfnis.

So sehr über die Notwendigkeit einer neuen Gesellschaftsform auch Übereinstimmung herrschte, so sehr gingen die Meinungen über die Ausgestaltung dieser neuen Gesellschaft auseinander. Es standen sich von vornherein zwei Auffassungen gegenüber, die nur den Grundsatz der beschränkten Haftung für die neue Gesellschaft gemeinsam hatten.

Die eine Gruppe hielt die Schaffung einer Gesellschaftsform für notwendig, die an die Rechtsform der bergrechtlichen Gewerkschaft neueren Rechts und der AG anknüpfen sollte, wobei sich die Freiheit des zu verfolgenden Zwekkes der letzteren mit der Beweglichkeit und der einfachen Gründung der ersteren vereinigen sollte. Als erster hatte schon 1876 Parisius[31] die Einführung einer „Industriegewerkschaft“ gefordert. Für die kapitalistische Konzeption traten weiter ein Esser und Ring sowie der Staatssekretär des Handelsministeriums Schelling[32].

Den entgegengesetzten Standpunkt vertrat Oechelhäuser, der in mehreren Reichstagsreden[33] ausführte, daß der Grundsatz der „beschränkten Haftbarkeit“ nicht auf die Kapitalgesellschaften beschränkt bleiben dürfe. Dieser Grundsatz habe bisher stillgehalten vor den Gesellschaftsformen, die auf individualistischer Grundlage beruhten. Es sei aber kein Grund vorhanden, dieses Prinzip nicht auch auf die individualistischen Gesellschaftsformen zu übertragen. Oechelhäuser erklärte wörtlich: „Nehmen Sie eine Gesellschaftsform an, die auf der Basis unserer jetzigen OHG steht, bei der aber die solidarische Haftbarkeit auf bestimmte Kapitaleinlagen beschränkt ist, dann haben Sie in dieser Gesellschaftsform alle Vorzüge der individualisti-

---

[28]) Abgedr. bei Fränkel S. 10.
[29]) Gutachten des Ausschusses des Deutschen Handelstages, in Amtl. Begründung zum GmbHG Anl. A S. 121 und Anl. hierzu S. 133.
[30]) Auszug aus dem von den Pr. Handelskammern und kaufm. Korporationen erstatteten Gutachten, in: Amtl. Begründung zum GmbHG Anl. B S. 137.
[31]) Parisius S. 140.
[32]) Vgl. Feine S. 4.
[33]) Abgedr. und zusammengest. bei Klausing, 2. Bericht S. 80 ff.

schen OHG mit den Vorzügen einer AG vereinigt, ohne die Nachteile und Gefahren der OHG in Kauf nehmen zu müssen."[34]

Oechelhäuser setzte sich in einem Memorandum vom 28. 4. 1888[35] nachdrücklich für die Fortbildung der Personalgesellschaften ein und verwies auf das Vorbild der OHG. Der von ihm verfaßte Gesetzesentwurf[36] läuft im Prinzip auf eine OHG mit beschränkter Haftung hinaus, also eine Gesellschaft, die nach dem personalistischen Prinzip aufgebaut ist und nur in dem Punkte der beschränkten Haftung Ähnlichkeit mit der AG aufweist. Dieser Auffassung schloß sich, wenn auch unter Abänderungen, das Gutachten des Deutschen Handelstages an[37].

Der am 12. 2. 1892 dem Reichstag vorgelegte Entwurf eines Gesetzes betreffend die Gesellschaften mit beschränkter Haftung, der nach einigen geringen Änderungen am 20. 4. 1892 Gesetz wurde[38], versucht diese beiden grundsätzlichen Konzeptionen zu verschmelzen und beiden gerecht zu werden. Die Verfasser des Entwurfes wollten der neuen Gesellschaft „im Einklang mit dem Umfange ihres Anwendungsgebietes ... rechtlich eine Mittelstellung zwischen den streng individualistischen Gesellschaftsformen des geltenden Rechts und der als äußerste Konsequenz sich darstellenden AG zuweisen"[39]. Eine Annäherung der GmbH an die OHG lehnt der Entwurf einmal mit dem praktischen Hinweis ab, daß eine solche OHG m.b.H. nicht dem zu befriedigenden Bedürfnis entspräche, da die OHG nur für einen kleinen Kreis von Teilnehmern verwendbar sei, für die neue Gesellschaftsform aber davon auszugehen sei, daß die „Zahl der Teilnehmer eine nicht ganz geringe sein" werde[40]. Zum anderen aber sieht die Begründung eine Vereinigung des individuellen Prinzips der OHG mit dem Grundsatz der beschränkten Haftung als unmöglich an. In der Begründung wird ausgeführt, daß die Struktur der OHG gerade in der unbeschränkten Haftpflicht der Miglieder seine wesentliche und in Wahrheit nicht zu entbehrende Grundlage habe[41]. Der individualistische Charakter der OHG habe nur die Bedeutung rechtlicher und wirtschaftlicher Konsequenzen des zugrunde liegenden Haftungsprinzips.

Gegenüber der AG setzt sich der Entwurf mit der Begründung ab, daß im Gegensatz zum Aktienrecht das einzelne Mitglied erheblich fester an die Gesellschaft gebunden werden solle und auf die weitgehenden Schutzvorschriften des Aktienrechtes verzichtet werden könne[42]. Der bedeutsamste auch für die Bestimmung des Wesens der GmbH erhebliche Grundsatz des Entwurfes kommt in dem Bekenntnis zu einer weitgehenden Gestaltungsfreiheit der

---

[34]) Reichstag, V. Leg. Per., IV. Zess. 1884 sten. Ber. S. 220 ff.; Klausing, 2. Bericht, S. 80.
[35]) Abgedr. bei Riesser, Beil. zu ZHR 35, 306.
[36]) Ebenda.
[37]) Amtl. Begründung zum GmbHG Anl. A S. 121.
[38]) RGBl. 1892 S. 477.
[39]) Amtl. Begründung zum GmbHG, S. 35.
[40]) Amtl. Begründung zum GmbHG, S. 34, ein Punkt, in dem die Erwartungen des Gesetzgebers enttäuscht werden sollten.
[41]) Ebenda, S. 33.
[42]) Ebenda, S. 31.

Gesellschafter zum Ausdruck. „Die Aufgabe des Gesetzes ist es, die Grenzen gegenüber den beiden Extremen OHG und AG durch bindende Vorschriften sicherzustellen; innerhalb des hieraus sich ergebenden Rahmens kann dagegen der freien Selbstbestimmung der Gesellschafter ein weitgehender Spielraum verbleiben. In dieser Weise wird es möglich sein, auf der Grundlage der beschränkten Haftung eine Gesellschaftsform herzustellen, welche bei ausreichendem Schutz des mit den Gesellschaften verkehrenden Publikums genügend Biegsamkeit besitzt, um für sehr verschiedene Verhältnisse und Zwecke und bei einem sehr verschiedenen Umfange des Mitgliederkreises Verwendung zu finden."[43]

Die Probleme, die sich aus dem gewollten Kompromiß von Personal- und Kapitalgesellschaft ergeben würden, wurden nicht sehr groß eingeschätzt. Der Entwurf erklärt, daß Schwierigkeiten, welche eine solche Gesellschaft vielleicht der juristischen Systematik bieten möge, nicht für die Gesetzgebung maßgebend seien, mit dieser Aufgabe werde sich die Wissenschaft abzufinden haben[44].

IV. Die tatsächliche Gestaltung der GmbH

Das Wesen der GmbH läßt sich allein nicht aus den gesetzlichen Vorschriften entnehmen. Auf Grund der weitgehenden Dispositionsfreiheit bildet die nähere Ausgestaltung in den Gesellschaftsverträgen eine nicht zu entbehrende Erkenntnisquelle[45]. Eine hervorragende Rolle spielen die Rechtstatsachen bei der Reform des GmbHG, denn das Recht, insbesondere das Gesellschaftsrecht, steht nicht im luftleeren Raum, sondern soll der Wirtschaft die für sie notwendigen Arbeitsbedingungen und Möglichkeiten schaffen und gewähren.

Für den Bereich der GmbH ist statistisches Material, soweit es die innere Struktur und den Aufbau der Gesellschaft betrifft, nur spärlich vorhanden. Für die Bundesrepublik werden vom Statistischen Bundesamt lediglich Daten über die Zahl der Gesellschaften und ihre Kapitalausstattungen gesammelt. Über die innere Struktur der GmbH liegen keine amtlichen Angaben für die Zeit nach 1945 vor[46].

Für die Zeit vor 1945 sind die ermittelten Daten reichhaltiger. Hier liegt einmal die umfassende und sorgfältige Analyse des Statistischen Reichsamtes aus dem Jahre 1936 vor, die zur Vorbereitung der damals geplanten Reform des GmbH-Rechtes durchgeführt wurde und alle bestehenden 39 249 GmbH erfaßte. Aus der Zeit von 1915—1934 liegen weiter mehrere private Erhebungen vor, die sich insbesondere die Ermittlung der inneren Struktur der GmbH zum Ziel setzten.

Von Bedeutung für die rechtliche Struktur der GmbH ist zunächst die Anzahl der Gesellschafter bei den einzelnen Gesellschaften. Besteht eine Ge-

---

[43]) Amtl. Begründung zum GmbHG, S. 35.
[44]) Amtl. Begründung zum GmbHG, S. 35.
[45]) Schilling in Hachenburg, Allg. Einl. Anm. 1.
[46]) Private Auskunft des Statistischen Bundesamtes vom 15. 11. 62.

sellschaft nur aus einem kleinen Teilnehmerkreis, so wird das persönliche Band der Gesellschafter untereinander und zu der Gesellschaft ungleich stärker sein als bei einer Gesellschaft mit einer Vielzahl von Teilhabern. Bei Gesellschaften mit wenigen Mitgliedern dürfte auch die Vermutung dafür sprechen, daß alle Gesellschafter oder doch die Mehrzahl von ihnen in der Gesellschaft persönlich tätig sind, so daß hierdurch die Trennung von Kapitalgebern und Unternehmensleitung weitgehend aufgehoben wäre.

Über die notwendige Zahl von Gesellschaftern enthält das Gesetz keine Angaben. Zulässig ist sowohl die Einmanngesellschaft, die nur noch formell Gesellschaft ist, als auch die Massen-GmbH mit Tausenden von Teilhabern. Wie (S. 15) ausgeführt, ging der Gesetzgeber von der Beteiligung „einer nicht ganz geringen Zahl von Mitgliedern aus". Andererseits wird aber auch vom Gesetzgeber die Auffassung vertreten, daß eine Gesellschaft mit sehr großer Mitgliederzahl dem Charakter der GmbH nicht entspräche[47]. Für die erwartete Mindestzahl der Gesellschafter gibt die amtliche Begründung insoweit einen Anhaltspunkt, als die Anknüpfung der GmbH an die Form der OHG abgelehnt wird, weil diese „nur für die Beteiligung einer ganz geringen Zahl von Teilnehmern, welche die Geschäfte selbständig betreiben, berechnet und praktisch verwertbar" sei[48]. Da die Anzahl der Gesellschafter einer OHG mindestens zwei betragen muß, ist anzunehmen, daß der Gesetzgeber bei der GmbH im Regelfall eine Beteiligung von mehr als zwei Gesellschaftern erwartete und voraussetzte.

Die tatsächliche Entwicklung zeigt die Tabelle auf der folgenden Seite. Die Angaben beruhen auf der Untersuchung des Statistischen Reichsamtes im Jahre 1936[49] und den privaten Erhebungen von Fränkel[50], Bauer[51], Liebel[52], Dreher[53] und den Ermittlungen der Centrale für GmbH in den Jahren 1929[54] und 1933[55]. Zu den einzelnen Untersuchungen ist zu bemerken, daß Fränkel 1905 die GmbH des Stadtkreises Berlin untersuchte, Bauer 1912 900 und Liebel 1926 300 GmbH auf Grund eines Fragebogens analysierte. Dreher untersuchte 1928 die in der Stadt Frankfurt/Main bestehenden 1 221 GmbH, während die Centrale für GmbH 1929 und 1933 Erhebungen unter den ihr angeschlossenen GmbH anstellte, wobei 1 281 bzw. 2 234 Gesellschaften erfaßt wurden.

Neueste Zahlen, die die obigen Angaben bestätigen, gibt Knur[56]. Danach sollen von den 36 000 im Sommer 1959 bestehenden GmbH fast 30 000 nicht mehr als 10 Gesellschafter und rd. 28 000 nicht mehr als 5 Gesellschafter gehabt haben. Knur kommt damit für die Gruppe 1—5 Gesellschafter auf einen

---

47) Amtl. Begründung zum GmbHG, S. 28.
48) Ebenda S. 32.
49) Stat. d. Dtsch. Reiches Bd. 502 S. 9.
50) Fränkel S. 149.
51) Bauer GmbH-Rdsch. 1920, 19.
52) Liebel S. 78.
53) Dreher S. 25.
54) Centrale Untersuchung 1929, zit. nach Schmidt, Denkschrift S. 79.
55) Schmidt, Denkschrift, S. 79.
56) Einf. Notartag 61, S. 47.

Anteil von 77,8 %, für die Gruppe von mehr als 10 Gesellschaftern auf einen Anteil von 16,7 %. Quellenangaben sind für diese Zahlen nicht angeführt, auf amtlichen Erhebungen dürften sie jedoch nicht beruhen.

Untersuchung		Untersuchte Gesellschaften	Gesellschafterzahlen in v. H.					
			1	2	2—5	mehr als 5	6—10	mehr als 10
Fränkel	1905	1 125	10,2	—[1])	65,5	24,2	11,8	12,4
Bauer	1912	882	33,5		3—10 = 56,7[1])			9,8
Liebel	1926	300	13,0	53,0	74,4	6,3	4,4	1,9
Dreher	1928	1 221	27,2	42,6	68,0	4,8	2,6	2,2
Centrale	1929	1 281	12,9	—[1])	67,9	19,2	10,9	8,3
Centrale	1933	2 234	13,9	30,8	53,8	7,4	—[1])	—[1])
Stat. Reichsamt	1936	39 249	27,9	37,9	61,1	10,2	5,4	4,6

[1]) Keine näheren Angaben.

Faßt man die Ergebnisse zusammen, so ergibt sich, daß die überwiegende Anzahl der GmbH nicht mehr als 5 Gesellschafter aufweist und hierunter die Zweimanngesellschaften den höchsten Anteil ausmachen. Läßt man die Einmangesellschaft außer Betracht, denn diese ist nur noch formell Gesellschaft und kann nicht Objekt einer Untersuchung der g e s e l l s c h a f t s r e c h t - l i c h e n Struktur sein, so ergibt sich, daß von allen mehrgliedrigen GmbH 75—80 % 2—5 Gesellschafter haben. Die Gesellschaften mit einer Vielzahl von Gesellschaftern sind in der entscheidenden Minderzahl[57]. Nach dem Merkmal der Mitgliederzahl sind nur 10 % aller GmbH zu den kollektivistischen Kapitalgesellschaften zu zählen. 90 % aller GmbH entsprechen als Einmanngesellschaft dem Einzelunternehmen oder als zwei- bis fünfgliedrige Gesellschaft den Personalgesellschaften.

Ein weiteres bedeutsames Merkmal für die Unterscheidung in Kapital- und Personalgesellschaften ist der Umfang der persönlichen Mitarbeit der Gesellschafter. Findet sich bei den Gesellschaften eine regelmäßige Mitarbeit der Teilhaber, so tritt die Person des Gesellschafters, seine Fähigkeit und seine Arbeitsleistung stärker in den Vordergrund. Die für die Kapitalgesellschaft entscheidende Unpersönlichkeit, die Gleichgültigkeit gegenüber der Person des einzelnen Gesellschafters ist damit aufgehoben.

Amtliches Zahlenmaterial für die Beantwortung dieser Frage ist nicht vorhanden, nur die privaten Erhebungen von Bauer, Liebel und der Centrale für GmbH geben darüber Auskunft. Übereinstimmend wurde von ihnen festgestellt, daß bei rd. 85 % aller GmbH Gesellschafter als Geschäftsführer tätig sind[58]. Diese Zahlen lassen indes eine genaue Feststellung der Trennung von

[57]) Fränkel (S. 150 f.) veröffentlicht eine Liste der 1905 der Gesellschafterzahl nach größten GmbH. Den Rekord in Berlin dürfte danach die Handelsgesellschaft Deutscher Apotheker mbH mit 1 989 Mitgliedern gehalten haben.

[58]) Liebel S. 85; Bauer Sp. 33 f.; Schmidt, Denkschrift, S. 79.

Kapital und Arbeit noch nicht zu, denn damit ist weder ausgesagt, ob in diesen Gesellschaften nur Gesellschaftergeschäftsführer tätig sind und auch nicht darüber, wieviel der Gesellschafter insgesamt als Geschäftsführer tätig sind.

Als Anteil der GmbH, bei denen ausschließlich Gesellschaftergeschäftsführer tätig sind, gibt Bauer die Zahl 80,5 % an[59]. Diese Zahl wird von Liebel bestätigt, der einen Anteil von 74,9 % von GmbH mit ausschließlich Gesellschaftergeschäftsführern fand, wobei 19,7 % der GmbH allein an der Gesellschaft nicht beteiligte Geschäftsführer aufwies und bei 5,4 % Geschäftsführer beiderlei Grupppen vorhanden waren[60]. Auf einer anderen Fragestellung beruhen die Ergebnisse von Schmidt in der Centrale-Erhebung 1933. Diese Untersuchung ermittelte die Zahl aller Geschäftsführer bei den 2 234 befragten Gesellschaften und stellte dann fest, wieviele davon zugleich Gesellschafter und wieviele als Nichtgesellschafter Geschäftsführer waren. Danach waren rd. 78 % aller Geschäftsführer zugleich Gesellschafter und nur 22 % der Geschäftsführer übten ihre Tätigkeit aus, ohne zugleich Gesellschafter zu sein[61/62].

Eine nur scheinbar entgegengesetzte Aussage machen die Angaben von Bauer und Schmidt[63] über die Gesamtzahl aller GmbH-Gesellschafter, die als Geschäftsführer tätig sind. Beide kommen zu dem Ergebnis, daß von allen Gesellschaftern rd. 19 % zugleich Geschäftsführer sind. Bei dieser Zusammenfassung beeinflussen die wenigen der Mitgliederzahl nach großen GmbH das Gesamtergebnis entscheidend.

Als Ergebnis der Untersuchung über die Gesellschaftertätigkeit ist festzustellen, daß rd. 80 % aller GmbH keine der Kapitalgesellschaft wesentliche Trennung von Kapital und Arbeit aufweisen. Der in der GmbH herrschende Grundsatz der sog. Drittorganschaft, d. h. der Geschäftsführung durch fremde Personen, die zu besonderen Organen berufen werden, § 6 GmbHG, ist in der Praxis weitgehend beseitigt. Die Mehrzahl der GmbH entspricht also auch in diesem Punkt der Personalgesellschaft.

Die gefundene Tendenz der GmbH zur individuellen Personalgesellschaft wird durch einige statistische Sondererhebungen in der Untersuchung Schmidts bestätigt. Schmidt fand heraus, daß innerhalb der Zweimanngesellschaften, die bei ihm einen Anteil von 30,8 % erreichen (siehe Tabelle), das Beteiligungsverhältnis der beiden Gesellschafter (unter Außerachtlassung der Gesellschaft unter Ehegatten) bei 53,7 % gleich ist[64]. Rechnet man diese Zahl unter Ausscheiden der Einmanngesellschaft auf alle mehrgliedrigen Gesellschaften um, so ergibt sich, daß bei rd. ein Viertel der mehrgliedrigen GmbH

---

59) Bauer, ebenda.
60) Liebel S. 85.
61) Schmidt, Denkschrift, S. 79.
62) Fränkel (S. 152) gibt einige Angaben über die Verhältnisse in Österreich. Danach waren im Durchschnitt der Jahre 1907—1913 in Österreich bei rd. 22 % aller GmbH alle Gesellschafter zugleich Geschäftsführer und bei nur rd. 8,5 % der GmbH war kein Geschäftsführer zugleich Gesellschafter.
63) Bauer S. 33 f.; Schmidt, ebenda S. 78.
64) Schmidt, Denkschrift, S. 73.

das körperschaftliche Mehrheitsprinzip wegen der Gleichheit der Anteile notwendig beseitigt ist. Diese Gesellschaften werden sich damit von der OHG in ihrer wirtschaftlichen Struktur nur allein durch die beschränkte Haftung unterscheiden.

Die persönliche Verbundenheit und das Hervortreten der Person gegenüber der Kapitalbeteiligung kommt auch in dem hohen Anteil der Familiengesellschaften bei den GmbH zum Ausdruck. In diesen Fällen ist in der Regel eine Veräußerung des Geschäftsanteiles nur innerhalb des Familienkreises zulässig und der freie dem kapitalistischen Prinzip eigene Mitgliederwechsel durch Gesellschaftsvertrag ausgeschlossen. Bauer[65] und die Centrale-Untersuchung von 1929[66] fanden bei den von ihnen untersuchten GmbH einen Anteil von 59 bzw. 57 %, bei denen die Gesellschafter untereinander verwandt und verschwägert waren. Nach der Denkschrift von Schmidt[67] waren 1933 allerdings nur 16,2 % Familiengesellschaften. Hierbei aber sind unter Familiengesellschaften nur solche verstanden worden, bei denen die qualifizierte Mehrheit der Anteile im Besitz von Ehegatten, Verwandten und Verschwägerten in gerader Linie, Verwandten in der Seitenlinie im 2. und 3. Grad und Verschwägerten in der Seitenlinie im 2. Grad war. Die so gewonnene Zahl dürfte demnach wesentlich zu niedrig sein.

C. Fischer schätzt in seiner 1948 erschienenen Studie[68] den Anteil der Familiengesellschaften auf 30—35 %.

Über die Ausschließung des freien Mitgliederwechsels bei Nichtfamiliengesellschaften findet sich eine Zahl bei Bauer[69]. Danach hatten von den 900 untersuchten Gesellschaften 82,8 % die Veräußerung der Geschäftsanteile über das gesetzliche Maß hinaus eingeschränkt, um so den persönlichen Zusammenhalt zu wahren.

Zusammenfassend läßt sich für die Wirtschaftsstruktur der GmbH feststellen:

1. Zwischen den Gesellschaftern einer GmbH besteht, wie aus der geringen Zahl der Mitglieder, der Häufigkeit der persönlichen Mitarbeit und dem hohen Anteil der Familiengesellschaften zu entnehmen ist, in der Regel ein festes persönliches Band. Es handelt sich bei der GmbH danach nicht nur um eine Vereinigung bloßer Kapitalien. Die herrschende Auffassung[70], daß bei der GmbH sich nur Kapitaleinlagen zusammenschlössen und die Gesellschafter sich fremd bleiben wollten, ist durch die Rechtstatsachen widerlegt.
2. Der hohe Anteil der von den Gesellschaftergeschäftsführern geleiteten Gesellschaften zeigt, daß, wirtschaftlich gesehen, eine Drittorganschaft die Ausnahme bildet. Bei der überwiegenden Mehrheit der GmbH ist die kapitalistische Trennung von „Kapital und Arbeit", von „Unternehmensbesitz und Leitung" aufgehoben.

---

[65]) Bauer, Sp. 35 f.
[66]) Schmidt, ebenda, S. 75.
[67]) Schmidt, Denkschrift, S. 75.
[68]) C. Fischer S. 27.
[69]) Bauer S. 35 f.
[70]) Schilling in Hachenburg, Allg. Einl. Anm. 25.

Etwa 80 % aller GmbH entsprechen damit wirtschaftlich nicht dem Typ der körperschaftlichen Kapitalgesellschaft, sondern sind vielmehr als Einmanngesellschaften dem Einzelunternehmen oder als mehrgliedrige Gesellschaften der OHG zuzurechnen[71].

V. Das Wesen der GmbH nach dem gesetzlichen Normalstatut

1. Der Organisationsaufbau der GmbH

Nach §§ 6, 35, 48 GmbHG besitzt die GmbH zwei obligatorische Organe, den Geschäftsführer und die Gesellschafterversammlung (GV). Gem. § 52 GmbHG kann darüber hinaus ein Aufsichtsrat (AR) bestellt werden, auf den, wenn im Gesellschaftsvertrag keine besonderen Regelungen vorgesehen sind, die entsprechenden Vorschriften des Aktiengesetzes Anwendung finden[72].

Dieser Aufbau der Verfassung der GmbH ist äußerlich dem der AG sehr ähnlich. Hieraus folgern daher viele eine Verwandtschaft der GmbH zur AG und bezeichnen die Organisation des GmbHG als ein Kennzeichen der Kapitalgesellschaft[73]. Schilling erklärt, daß Vorstand und Geschäftsführer das gleiche seien, und hier nur verschiedene Namen für die gleiche Erscheinung verwandt würden.

Selbst wenn man die Unterschiede zwischen den Organen der GmbH und der AG außer Betracht läßt, kann aus dieser Gleichartigkeit der Organisation kein Merkmal für den Charakter der GmbH als Kapitalgesellschaft hergeleitet werden. Die Trennung der Verwaltungsfunktionen einer Personenvereinigung in Vorstand/Geschäftsführer als geschäftsführendes Organ und in die Gesamtvertretung der Mitglieder (Hauptversammlung/Gesellschafterversammlung) als beschließendes Organ ist vielmehr ein Kennzeichen für die Struktur der Körperschaft, der Gesellschaft im weiteren Sinne. Hierdurch

[71]) Zu dem gleichen Ergebnis kommen auf Grund des statistischen Materials: Fränkel S. 40; Molitor S. 13; Großmann-Doerth S. 240, 169; Feine S. 24; Gall S. 23; C. Fischer S. 46; Petersen S. 29; Köhler, GmbH-Rdsch. 56, 118.
Von den hier gefundenen tatsächlichen Verhältnissen bei den GmbH ist nach einem Bericht von Hueck auch der Sachverständigenausschuß des Bundesjustizministeriums für die GmbH-Reform ausgegangen: „Das Leitbild, das uns bei den Beratungen im GmbH-Ausschuß vorgeschwebt hat, ist die aus wenigen Gesellschaftern bestehende Gesellschaft, die untereinander und zum Gesellschaftsunternehmen enge persönliche Beziehung unterhalten“ (Hueck, Reform, S. 8).

[72]) Der nach dem GmbHG fakultative AR ist gem. § 77 BetrVerfG vom 11. 11. 52 bei GmbH, die mehr als 500 Arbeitnehmer beschäftigen, und gem. § 3 MitbestG vom 21. 5. 51 bei Gesellschaften im Montanbereich, die mehr als 1000 Arbeitnehmer beschäftigen oder Einheitsgesellschaften sind, sowie gem. § 1 Holding-Novelle vom 7. 8. 56 bei Holding-Gesellschaften obligatorisch. Diese Änderung des GmbHG durch die Mitbestimmungsgesetze kann nicht zu einer Beeinflussung des gesellschaftsrechtlichen Charakters der GmbH führen, da der Errichtungszwang für den AR insoweit nicht gesellschaftsrechtlichen, sondern allein arbeitsrechtlichen und sozialpolitischen Erwägungen entstammt (Schmidt in Hachenburg § 52 Anh. I Einl. Anm. 1). Die Sachlage ist nicht anders, als wenn z. B. für die OHG aus diesen Gründen ein AR vorgeschrieben wäre.

[73]) Vogel, Einl. S. 23; Schilling in Hachenburg, Allg. Einl. Anm. 13.

wird für die Unpersönlichkeit der Beziehungen der Mitglieder zu dem Verbande nichts ausgesagt. Das zeigt ein Überblick über die anderen Formen des Gesellschaftsrechts. Die so beschriebene Organisation findet sich nicht nur bei der AG als unbestrittener Kapitalgesellschaft, sondern auch bei der Genossenschaft (Vorstand, AR, § 9 GenG, Generalversammlung, § 43 GenG), bei dem VVaG (Vorstand, § 34 VAG, AR § 35 VAG, Oberste Vertretung der Mitglieder, § 36 VAG) und bei dem rechtsfähigen Verein (Vorstand, § 26 BGB, Mitgliederversammlung, § 32 BGB), wobei bei diesem wie bei der GmbH ein Aufsichtsorgan nicht vorgeschrieben ist. Die letzteren Vereinigungen werden ganz einhellig als Personalgesellschaften im weiteren Sinne (Personalkörperschaften) aufgefaßt[74].

Betrachtet man die Einzelheiten des gesetzlichen Organisationsstatutes der GmbH, so zeigt sich in diesem und den Unterschieden zur AG vielmehr ein personengesellschaftliches Moment. Während bei der AG eine scharfe und zwingende Kompetenzverteilung zwischen den Organen durchgeführt ist (siehe § 70 AktG für den Vorstand, § 95 AktG für den AR einerseits und für die HV § 103 AktG andererseits), besteht bei der GmbH nahezu völlige Gestaltungsfreiheit. Die GV kann über alle Fragen der Geschäftsführung entscheiden und den Geschäftsführer zum lediglich ausführenden Organ ohne eigene Entscheidungsmacht degradieren[75]. Nur die Vertretungsmacht kann, da nach außen wirkend, im Interesse des Rechtsverkehrs dem Geschäftsführer nicht genommen werden, § 37 II GmbHG. Die Abhängigkeit des Geschäftsführers von der GV zeigt auch die jederzeitige freie Widerruflichkeit seiner Bestellung, § 38 GmbHG, während der Vorstand der AG nur bei wichtigem Grund vom AR abberufen werden kann, § 75 III, 1 AktG). Die Stellung des Geschäftsführers ist eine ungleich schwächere als die des Vorstandes.

Entsprechendes gilt für die Stellung der GV. Diese kann sich durch Delegation der meisten ihrer Befugnisse auf andere Organe (den Geschäftsführer oder einen eingesetzten AR, Verwaltungsrat, Beirat u. a.) selbst entmachten[76]. Ausgeschlossen von einer Übertragung sind nur die wenigen gesetzlichen Zuständigkeiten der GV in den §§ 26, 53 f., 60 I Nr. 2, 66 GmbHG. Zum weiteren steht es den Gesellschaftern frei, im Gesellschaftsvertrag eine Anzahl von weiteren beliebigen Organen wie Verwaltungs- und Beiräte zu schaffen, denen sie die verschiedensten Kompetenzen übertragen können[77].

Die große Gestaltungsfreiheit, die der Gesetzgeber bewußt vorsehen wollte, ist ein Kennzeichen der Personalgesellschaft. Die Vorschrift des § 45 GmbHG ist vergleichbar der Regelung der §§ 109, 163 HGB für die OHG und die KG und des weitgehend dispositiven Rechts der BGB-Gesellschaft, § 70 5 ff. BGB[78]. Die Tatsache der Dispositionsfreiheit, die Fränkel[79] zu der Bezeich-

---

74) Für die Genossenschaft s. Meyer-Meulenbergh § 1 Anm. 1; H. Lehmann S. 14; für den VV aG: H. Lehmann S. 14; J. v. Gierke, Handelsrecht, S. 440.
75) Schmidt in Hachenburg, § 45 Anm. 6.
76) RG 80, 387; Schmidt in Hachenburg § 45 Anm. 50.
77) Scholz § 52 Anm. 2.
78) RG 80, 388.
79) Fränkel S. 251.

nung der GmbH als eines Protheus der Gesellschaften veranlaßte, der nicht in ein Schema einzuordnen sei, gibt somit gerade ein Klassifikationsmerkmal.

Die im Gesetz vorgesehene Konstruktionsform der GmbH nach dem Vorbild der AG kann für die GmbH nicht als von „wesenhafter Bedeutung" für die Einordnung als Kapitalgesellschaft angesehen werden[80]. Sie ist vom Gesetzgeber gewählt, um der körperschaftlichen Struktur der GmbH Ausdruck zu verleihen[81].

2. Die beschränkte Haftung der GmbH-Gesellschafter

a) Das Prinzip der beschränkten Haftung

Als weiteres kapitalgesellschaftliches Merkmal der GmbH wird allgemein die Beschränkung der Haftung angesehen[82]. Es ist zunächst zu vermerken, daß die Gesellschafter der GmbH für Gesellschaftsschulden nicht beschränkt haften, sondern überhaupt nicht, auch nicht in dem beschränkten Rahmen, der für Aktionäre gem. § 101 AktG gilt, und daß andererseits die Gesellschaft als juristische Person mit ihrem Vermögen unbegrenzt und nicht beschränkt haftet. Beschränkte Haftung bedeutet, daß die Mitglieder der GmbH, wenn sie die Stammeinlage geleistet haben, von einigen bedeutsamen Ausnahmen abgesehen, von ihrer Verpflichtung der Gesellschaft gegenüber frei geworden sind.

Das Prinzip der beschränkten Haftung ist nicht auf die AG und GmbH beschränkt, wo es allerdings die eigentliche volkswirtschaftliche Bedeutung erlangt hat. Auch bei den Personalgesellschaften im engeren und weiteren Sinne ist es anzutreffen. So haftet der Kommanditist bei der KG, § 171 HGB, die Genossen bei der eingetragenen Genossenschaft mbH, §§ 131 ff. GenG, alle Mitglieder des VV aG, § 19 VAG, und die Mitglieder des Ideal- und des wirtschaftlichen Vereins nach dem BGB gleichfalls beschränkt. Weiter findet sich das Prinzip der Haftungsbeschränkung, abgesehen von allen Formen der privatrechtlichen Vereinbarung, bei dem Reeder und der Reederei, §§ 486 ff. HGB.

Die Haftungsbeschränkung als solche ist nicht nur eine Erscheinung und ein Privileg der Kapitalgesellschaften, sondern ein allgemeiner Grundsatz, der in viele Verbandsformen Eingang gefunden hat.

b) Die Kapitaldeckungspflicht nach §§ 24, 32 III GmbHG

Nach § 24 GmbHG haben sämtliche Gesellschafter dafür einzustehen, daß das Stammkapital, allerdings nur soweit es sich um Bareinlagen handelt, in der im Gesellschaftsvertrag bezeichneten Höhe eingezahlt wird. Es handelt

---

80) Bergenroth MDR 51, 273.

81) Ein weiteres starkes personengesellschaftliches Merkmal der GmbH ist die Möglichkeit der Auflösungsklage nach § 61 GmbHG. Diese ist unter den einzelnen Minderheitsrechten behandelt (siehe unten S. 64 f.).

82) Scholz, Einl. II S. 26; Vogel, Einl. S. 23; Schilling in Hachenburg, Allg. Einl. Anm. 13; Hueck, Gesellschaftsrecht, S. 8.

sich hierbei um eine subsidiäre Haftung, da zunächst der säumige Gesellschafter mit seinem Gesellschaftsanteil auszuschließen ist (Kaduzierungsverfahren) und gegebenenfalls seine Rechtsvorgänger in Anspruch genommen werden müssen, §§ 21, 22 GmbHG. Weiter muß zunächst versucht werden, den fehlenden Betrag durch einen Verkauf des von der Gesellschaft eingezogenen Geschäftsanteiles des ursprünglich Verpflichteten aufzubringen. Erst wenn diese Möglichkeiten erschöpft sind, auch der Betrag der Stammeinlage nicht von dem säumigen Gesellschafter persönlich zu erlangen ist, haben die übrigen Gesellschafter nach dem Verhältnis ihrer Geschäftsanteile den Ausfall zu decken, § 24 S. 1 GmbHG. Bleibt der Einziehungsversuch bei einzelnen Gesellschaftern erfolglos, so werden die Fehlbeträge wiederum auf die übrigen Gesellschafter pro rata verteilt, § 24 S. 2 GmbHG. Auf diese Weise kann sich somit jeder Gesellschafter einer GmbH der Verpflichtung gegenübersehen, die gesamten bar einzuzahlenden Stammeinlagen aufzubringen.

Diese über die eigene Stammeinlage des Gesellschafters hinausgehende, aber doch auf den Betrag des Stammkapitals beschränkte Haftung kann in einem Sonderfall zu einer völlig unbegrenzten, d. h. nicht auf einen vorher zu bestimmenden Geldbetrag beschränkten, Haftung werden. Nach einer in Rechtsprechung und Literatur häufig vertretenen Meinung[83] hat der Gesellschafter nicht nur für das bei Errichtung der Gesellschaft vorgesehene Stammkapital einzustehen, sondern nach § 24 GmbHG subsidiär auch für die Einzahlung neuer durch Kapitalerhöhung später geschaffener Geschäftsanteile zu haften, wobei es nach dieser Meinung gleichgültig ist, ob der betreffende Gesellschafter dieser Kapitalerhöhung zugestimmt hat oder nicht. In diesem Fall kann also durchaus von einer unbeschränkten Haftung des GmbH-Gesellschafters gesprochen werden.

Einen ähnlichen Fall der subsidiären Haftung, ohne daß deren Höhe abzusehen wäre, schreibt § 31 III GmbHG vor. Wenn nach § 30 GmbHG verbotswidrige Kapitalausschüttungen, d. h. solche die das Stammkapital zu verringern geeignet sind, nicht von den erstattungspflichtigen Zahlungsempfängern zu erlangen sind, so haften auch hier die übrigen Gesellschafter nach dem Verhältnis ihrer Geschäftsanteile, und die Ausfallhaftung kann sich bei Zahlungsunfähigkeit von Gesellschaftern auf einen konzentrieren. Eine Abweichung zu § 24 GmbHG besteht darin, daß hier bei der Haftung für verbotswidrig ausgeschüttete Beträge eine Haftung nur entsteht, soweit die fehlenden Beträge zur Befriedigung der Gläubiger der Gesellschaft erforderlich sind.

In dieser Kollektivhaftung, die im Recht der AG keine Parallele hat, kommt ein echtes personengesellschaftliches Merkmal zum Ausdruck[84]. Durch diese Haftung ist ein den Personalgesellschaften eigentümliches Einstehen

---

[83]) RG 82, 116; 93, 251; 132, 392; Baumbach-Hueck, GmbHG § 55 Anm. 2 C; Scholz § 24 Anm. 10; Scholz-Fischer § 24 Anm. 4; Vogel § 24 Anm. 3; Crüger-Crecelius § 24 Anm. 1; Pinzger § 24 Anm. 3; a. M. Schmidt in Hachenburg § 24 Anm. 16; Brodmann § 24 Anm. 3.

[84]) Scholz Einl. II S. 28; Brodmann § 1 Anm. 2; J. v. Gierke, Handelsrecht S. 406; Schaefer S. 9; Groschuff § 1 Anm. 1.

füreinander gewährleistet. Die Beziehungen der Gesellschafter untereinander werden dadurch wesentlich enger und persönlicher als bei der AG.

c) Der Zweck der beschränkten Haftung bei der AG und der GmbH

Ein entscheidender Unterschied in der beschränkten Haftung bei der AG einerseits und der GmbH andererseits ist in der Zweckrichtung, in der inneren Ausrichtung dieses Prinzips zu finden. Die AG ist dazu bestimmt, die in der Wirtschaft verstreuten „Kapitalsplitter" zu sammeln, sie zu einer Einheit zusammenzufassen und sie der Volkswirtschaft nutzbar zu machen[85]. Zu diesem Zweck wendet sich die AG an den Kapitalmarkt. Um ihre volkswirtschaftlich wichtige Aufgabe zu erfüllen, bedarf die AG des Prinzips der beschränkten Haftung der Aktionäre, denen nur ein überschaubares und begrenztes Risiko zumutbar ist. Aus dieser Zweckbestimmung heraus steht im gesetzlichen Aufbau der AG neben dem Schutz der Gläubiger der Schutz und die Fürsorge des Gesetzes für den zukünftigen und schon beteiligten Aktionär im Vordergrund. Der Gesetzgeber will den Kapitalmarkt durch die strengen Gründungsvorschriften, durch Vorschriften zur Erhaltung des Grundkapitals und durch die Prüfungs- und Publizitätsvorschriften gegen schwindelhafte Gründungen und unsachgemäße und gesetzwidrige Geschäftsführung absichern.

Anderen Zielen dagegen dient das Haftungsprivileg bei der GmbH. Diese hat nicht die Aufgabe, sich an den Kapitalmarkt zu wenden. Ein solches Bestreben versucht der Gesetzgeber vielmehr durch verschiedene Bestimmungen zu verhindern. GmbH-Anteile können nicht wie Aktien durch wertpapierrechtlichen Übertragungsakt erworben werden, ihre Übertragung bedarf der notariellen Beurkundung, § 15 GmbHG. Jeder Gesellschafter einer GmbH kann bei der Gründung nur einen einzigen Geschäftsanteil (in beliebiger Höhe) übernehmen, wodurch der spätere Verkauf der Anteile erschwert wird, da die Teilung von Geschäftsanteilen nur mit Zustimmung der Gesellschaft zulässig ist, § 17 GmbHG. Die Abtretung von Anteilen kann darüber hinaus durch den Gesellschaftsvertrag an beliebige Voraussetzungen geknüpft werden, § 15 V GmbHG.

Die Haftungsbeschränkung bei der GmbH stellt sich nicht dar als Mittel zum Zweck der volkswirtschaftlichen Kapitalsammlung, sondern bedeutet Selbstzweck[86]. Man wollte der Wirtschaft eine Gesellschaftsform in die Hand geben, bei der bei Einsatz eines begrenzten Kapitalbetrages das Risiko überschaubar ist. Hiervon versprach sich der Gesetzgeber eine Ankurbelung der Wirtschaft und eine Stärkung der „Unternehmungslust"[87]. Aus dieser Zweckrichtung ergeben sich bedeutsame Folgerungen für die Struktur der GmbH. Der Schutz der Beteiligten entfällt weitgehend, eine Rechenschafts-

[85]) Würdinger, Aktienrecht, § 1 I S. 2.
[86]) Würdinger, Kapitalges., S. 236.
[87]) Amtl. Begründung zum GmbHG Anl. A S. 122.

legung gegenüber dem Publikum erscheint nicht erforderlich wie bei der AG[88]. Als gesetzliches Schutzobjekt treten die Gläubiger der Gesellschaft an die erste Stelle. In der Hauptsache ihrem Schutz dienen die wenigen Schutzvorschriften, die das GmbHG kennt, z. B. §§ 24, 30, 31 GmbHG, die alle die Erhaltung des Stammkapitals als Garantiefonds für die Gläubiger verfolgen. Die Verselbständigung der GmbH zur juristischen Person und ihr organisatorischer Aufbau in Form einer Körperschaft sind eine Folge dieses Haftungsprinzipes[89], sie sind der Preis der Haftungsbeschränkung[90]. In diesen verschiedenen Strukturprinzipien kommen die Unterschiede zwischen GmbH und AG zum Ausdruck, die zufolge ihrer Zweckrichtung nach anderen Grundsätzen aufgebaut ist[91].

3. Die Kapitalgrundlage der GmbH

Das Merkmal des fest bezifferten Grundkapitals als Wesenszug der Kapitalgesellschaften[92] ist bei der GmbH in Form des Stammkapitals gegeben. Aber auch hier sind Abstriche von zu nahen Vergleichen zur AG und damit von der Klassifizierung der GmbH als Kapitalgesellschaft zu machen.

Zunächst ist, anknüpfend an den oben gekennzeichneten Unterschied der Haftungsbeschränkung bei AG und GmbH festzustellen, daß bei der AG das Grundkapital die notwendige Folge der Kapitalsammelfunktion, bei der GmbH dagegen die Aufbringung des Stammkapitals der Preis der beschränkten Haftung ist. Um das Haftungsprivileg zu erringen, haben die Gesellschafter der GmbH dem Rechtsverkehr eine Mindestgarantiesumme, einen Haftungs- und Garantiefonds zur Verfügung zu stellen. Damit aber nähert sich die Funktion des Stammkapitals der des „gebundenen Kapitals" bei den Genossenschaften. Auch dort ist auf Grund der möglichen beschränkten Haftung der Mitglieder ein Fonds als Garantievermögen zu bilden. Gewisse Anklänge an den Haftungsfonds finden sich bei der KG, wo der Kommanditist als Preis seiner beschränkten Haftung ebenso wie bei der GmbH einen festen Kapitalbeitrag leisten muß.

Das Stammkapital der GmbH ist nicht in gleichem Maße erstarrt wie bei der AG. Die Amortisation, § 34 GmbHG, die Preisgabe, § 27 GmbHG, die

---

88) Ebenda, S. 45: „Da eine Betheiligung des großen Publikums, wie sie dem Wesen der AG entspricht, hier nicht in Betracht zu ziehen ist, so steht auch nicht der Schutz von Interessen in Frage, zu deren Wahrung die Betheiligten nicht selbst imstande wären."

89) Würdinger, Kapitalges., S. 236.

90) Küster S. 35.

91) Aus diesem Grund ist der oft geäußerten These, eine Reform der GmbH sei dringend erforderlich, weil die durch die vorgehenden Aktienrechtsreformen immer stärker zum Ausdruck gekommenen Unterschiede der AG und GmbH sachlich nicht gerechtfertigt seien und deshalb eine Angleichung an die AG notwendig sei (so J. v. Gierke, Handelsrecht, S. 407; Hueck, Gesellschaftsrecht, S. 196) entgegenzutreten.

92) Schilling in Hachenburg, Allg. Einl. Anm. 13; Scholz Einl. II S. 26; Würdinger, Kapitalges., S. 17 f.; Hueck, Gesellschaftsrecht, S. 8.

Kaduzierung, § 21 GmbHG, führen zu leichteren Veränderungen der Kapitalgrundlage als bei der AG.

Daß die Kapitalleistung bei der GmbH nicht die Bedeutung hat wie bei der AG, zeigt die Möglichkeit der Vereinbarung von sog. Nebenpflichten gem. § 3 GmbHG, die in der Praxis außerordentlich häufig anzutreffen sind und oft nicht „Neben-", sondern durchaus „Haupt"pflichten sind. Als Beispiele für solche Nebenpflichten sind zu nennen: persönliche Tätigkeit als Geschäftsführer, Konkurrenzverbote, Lieferungspflichten u. a. Mit Hilfe des § 3 GmbHG kann eine GmbH fast völlig zu einer auf persönlicher Mitarbeit beruhenden Personalgesellschaft werden und sich damit einer OHG mbH nähern. Aber auch das gesetzliche Normalstatut enthält allein in der Zulässigkeit der Statuierung von Nebenpflichten im Gegensatz zur AG, wo solche erst seit der Reform von 1937 und nur in begrenztem Umfang möglich sind, § 50 AktG, ein wesentliches personalgesellschaftliches Moment[93]. Gleiches gilt für die Nachschußpflicht, die gemäß §§ 26 ff. GmbHG im Gesellschaftsvertrag vorgesehen werden kann und die im Aktienrecht unbekannt ist.

Die Gleichstellung des Grundkapitals der AG und des Stammkapitals der GmbH[94] ist nur begrenzt möglich. Durch die Entwicklung in der Rechtsprechung, insbesondere die Möglichkeit der Zwangsausschließung und des Austritts aus der Gesellschaft, ist die Auffassung von Schilling[95] überholt, es bestünde zwischen Aktie und Geschäftsanteil nur ein Unterschied im Namen. Der Geschäftsanteil ist die Verkörperung der Mitgliedschaft in der GmbH[96]. Er ist nicht, wie Buchwald[97] meint, wie die Aktie nur ein „Gegenstand" vermögensrechtlicher Art, sondern umfaßt eine Vielzahl von Rechten und Pflichten, zu denen nur unter anderem auch die vermögensrechtliche Beteiligung an der Gesellschaft gehört.

4. Die körperschaftliche Struktur der GmbH

Kennzeichnend für das Wesen der Körperschaft ist die Verselbständigung des Gesellschaftsvermögens zur juristischen Person (owohl es auch hier Ausnahmen gibt: den nicht rechtsfähigen Verein und die ältere Gewerkschaft, die nicht juristische Person sind, aber doch körperschaftlich organisiert sind), das Prinzip der Mehrheitsherrschaft und die Drittorganschaft[98]. Weiter ist der Körperschaft wesensgemäß eine Unabhängigkeit von dem Bestande der Mitglieder, d. h. grundsätzlich ist ein freier Ein- und Austritt der Mitglieder möglich, die Zahl der Mitglieder ist variabel.

All diese Kennzeichen finden sich besonders ausgeprägt in dem rechtsfähigen Verein des BGB, der die Grundform aller Körperschaften ist, (AG als Aktienverein, Genossenschaft und VV aG als Wirtschaftsverein). An dem an-

---

93) Scholz Einl. II S. 26; Würdinger, Kapitalges., S. 236.
94) So Schilling in Hachenburg, Allg. Einl. Anm. 13.
95) Ebenda; so auch schon Staub in der 1. Aufl. Allg. Einl. IV Anm. 13.
96) RG 82, 169; 97, 200; Spitaler GmbH-Rdsch. 1950, 153.
97) Buchwald BB 53, 458.
98) Feine S. 41 ff.; H. Lehmann S. 4; Hueck, Gesellschaftsrecht, S. 6.

deren Endpunkt der Systematik steht die BGB-Gesellschaft und die OHG. Hier besteht gesamthänderische Bindung des Vermögens, es herrscht Selbstorganschaft, die Geschäfte werden von den Mitgliedern selbst geführt, und es regiert nach dem Gesetz das Einstimmigkeitsprinzip. Auch hier bestehen jedoch keine absoluten Gegensätze. Nach § 119 II BGB kann bei der OHG das Mehrheitsprinzip eingeführt werden, während bei dem Verein die Satzung Einstimmigkeit für Beschlüsse vorsehen kann.

Die Stellung der GmbH nach ihrem gesetzlichen Normalstatut innerhalb dieses Einteilungsschemas ist eindeutig zu bestimmen: Sie ist Körperschaft, Gesellschaft im weiteren Sinne mit Vereinsstruktur[99].

Obwohl in der tatsächlichen Gestaltung die Geschäftsführung zu 80 % durch einen oder mehrere Gesellschafter selbst geführt wird (also tatsächlich Selbstorganschaft vorliegt), ist nach dem Gesetz eine Drittorganschaft obligatorisch. Es besteht für den GmbH-Gesellschafter nicht wie bei der BGB-Gesellschaft und der OHG kraft Sozialrechts eine Pflicht und ein Recht zur Geschäftsführung[100]. Der Geschäftsführer ist ein besonderes Organ der GmbH, dessen Bestellung des Konstitutivaktes bedarf und für dessen rechtliche Stellung es gleichgültig ist, ob er zugleich Gesellschafter oder Nichtmitglied der GmbH ist. Von dem Grundsatz der Drittorganschaft kann nur insoweit abgewichen werden, als die Geschäftsführung einigen Gesellschaftern als unentziehbares (nur bei Vorliegen eines wichtigen Grundes entziehbares) Sonderrecht i. S. des § 35 BGB zugestanden werden kann und ihnen zugleich nach § 3 II GmbHG die Nebenpflicht zur Geschäftsführung im Gesellschaftsvertrag auferlegt wird. Eine weitere Anpassung an die individuelle Gesellschaft sieht § 6 II GmbHG vor, wonach auch alle Gesellschafter zu Geschäftsführern berufen werden können. Aber auch hierdurch wird die besondere Organstellung der Geschäftsführer nicht geändert.

Nach § 47 I GmbHG herrscht in der GmbH grundsätzlich das Mehrheitsprinzip für das oberste Organ der Gesellschaft, die GV. Mag dieses Prinzip auch abänderbar sein[101], und auch in der Rechtswirklichkeit abgeändert sein, die gesetzliche Normal-GmbH untersteht ihm.

Die Unabhängigkeit der GmbH von dem Bestand der Mitglieder kommt einmal in der — wenn auch erschwerten — Möglichkeit der Veräußerung des Geschäftsanteiles zum Ausdruck, zum anderen in den Auflösungsgründen der GmbH. Weder der Tod noch der Konkurs, noch die Kündigung des Gesellschafters oder seines Gläubigers haben nach dem Gesetz das Ende der GmbH zur Folge.

Die GmbH erscheint daher als eine Sonderform des Vereins. Von dieser Struktur kann zwar in einigen Punkten abgewichen werden und so eine gewisse Annäherung an die individuelle Gesellschaft vorgenommen werden, im

---

99) Ganz überwiegende Meinung: Baumbach-Hueck, GmbHG, Einl. Anm. 2; Hueck, Gesellschaftsrecht, S. 194; Brodmann § 1 Anm. 2; Neukamp § 1 Anm. 2; Liebmann-Sänger § 1 Anm. 1; Feine S. 43; J. v. Gierke, Handelsrecht, S. 407; H. Lehmann S. 288.

100) Feine S. 40.

101) Schmidt in Hachenburg § 47 Anm. 3.

Ganzen gesehen aber ist die GmbH ihrem „Panzerkleid der festgefügten Korporation[102]“ verhaftet.

VI. Das Wesen der GmbH in der Entwicklung durch Lehre und Rechtsprechung

1. Die Stellung des RG und des BGH

Überblickt man die zum GmbH-Recht ergangenen Entscheidungen, so kann man allgemein feststellen, daß die Rechtsprechung des RG überwiegend von der „Zwitterstellung“ der GmbH zwischen AG und OHG, also zwischen Personal- und Kapitalgesellschaft ausging[103]. Es wurde dabei aber die grundsätzliche Verschiedenheit in der Struktur der GmbH gegenüber der OHG ausdrücklich herausgestellt. Besonders deutlich kommt dies in der Entscheidung des RG im Band 101 (S. 55) zum Ausdruck: Die Mitglieder einer GmbH, die im Wege der Umwandlung einer OHG entstanden war, hatten vereinbart, daß unter ihnen trotz des Wechsels der Rechtsform das bisherige Recht, also das der OHG, weiter anwendbar sein sollte. Das RG weigerte sich, diese Vereinbarung allgemein anzuerkennen, und zwar mit der Begründung, „die Schaffung eines durchaus gleichen Innenverhältnisses bei der GmbH und der OHG andererseits ist bei der völlig verschiedenen Struktur der beiden Gesellschaftsarten . . . undenkbar . . .[104]“

Auf dieser Theorie der Mittelstellung der GmbH zwischen Kapital- und Personalgesellschaft aufbauend, stellt der BGH in seinen Erkenntnissen betont darauf ab, ob in dem zu entscheidenden Fall das personengesellschaftliche Element oder die Hinwendung zur Kapitalgesellschaft bei der GmbH überwiegt[105]. Damit nähert sich der BGH der Meinung von Klausing, der mehrere Hauptarten der GmbH nach ihrer Ausgestaltung unterscheidet und die Beurteilung der Streitfragen auf die tatsächliche Ausrichtung abstellen will[106]. Die statistische Untersuchung hat indes gezeigt, daß die GmbH wirtschaftlich und tatsächlich ganz überwiegend zur Personalgesellschaft tendiert, d. h. dieser in wirtschaftlichem Sinne entspricht. Soweit der BGH also von einer personalistischen GmbH spricht, die er z. B. durch die geringe Anzahl der Mitglieder gekennzeichnet sieht[107], handelt es sich in Wahrheit um die GmbH in ihrer normalen, ganz vorherrschenden Gestalt. Obwohl der BGH seine Erkenntnisse oft voller Bedacht und zurückhaltend auf den „Ausnahmefall“ der personalistischen GmbH beschränkt[108], können diese deshalb als für die GmbH allgemein gültig angesehen werden.

Die Entwicklung der GmbH zur Personalgesellschaft in der Rechtsprechung

---

102) Brodmann § 1 Anm. 2.
103) So z. B. RG 80, 386; 81, 329; 101, 55; 128, 16.
104) RG 101, 61.
105) BGH 14, 31; 16, 232; 9, 157; BGH JZ 55, 47.
106) Klausing, Textausg. Einl. S. XXVIII.
107) BGH JZ 55, 47.
108) BGH ebenda.

des BGH und der Lehre kommt im wesentlichen in drei Bereichen zur Geltung: im Auskunfts- und Büchereinsichtsrecht des einzelnen Gesellschafters, in der Anerkennung einer besonderen Treupflicht der GmbH-Gesellschafter untereinander, in der Zubilligung eines Ausschließungsrechts der Gesellschaft gegenüber dem pflichtwidrig handelnden Gesellschafter und als Gegenstück dazu in dem Recht des einzelnen Gesellschafters zum Austritt aus der GmbH.

2. Das Auskunfts- und Einsichtsrecht des GmbH-Gesellschafters

Anders als dem Aktionär, dem nach § 112 AktG ein, wenn auch eingeschränktes Auskunftsrecht zusteht, ist dem GmbH-Gesellschafter ein solches nicht gesetzlich eingeräumt. Nur die GV, also alle Gesellschafter in ihrer Gesamtheit, haben als Ausfluß ihrer Stellung als oberstes Organ der Gesellschaft gem. § 46 Z. 6 ein umfassendes und nicht begrenztes Recht auf Auskunft, Einsicht in die Bücher und Überwachung der Geschäftsführer. Der Gesetzgeber folgte auch hierin der oben skizzierten Auffassung, daß aus der besonderen Zweckrichtung der GmbH ein gesetzlicher Schutz für den einzelnen Gesellschafter nicht erforderlich erscheine[109]. Die Verfasser des Gesetzes glaubten, ein Recht auf Kontrolle der Geschäftsführung und damit der Auskunft und jederzeitigen Einsicht der Bücher, wie es im Recht der OHG gilt, dem einzelnen Gesellschafter nicht einräumen zu können, „da ein solcher Rechtszustand mit einem geordneten Geschäftsgange nicht vereinbar sei, falls es sich nicht um Gesellschaften mit ganz geringer Mitgliederzahl handele[110]. Auch hier ist also der Gesetzgeber von der irrigen Vorstellung über die zu erwartende personelle Größe der GmbH ausgegangen.

Nach überwiegender herrschender Lehre wird heute ein Auskunfts- und Büchereinsichtsrecht des einzelnen Gesellschafters allgemein bejaht[111]. Unterschiedlich sind dabei die Voraussetzungen, die für diese Rechte postuliert werden. Die herrschende Lehre[112] verlangt für das Auskunftsrecht und erst recht für das Büchereinsichtsrecht „als gesteigertes Auskunftsrecht"[113] das Vorliegen eines wichtigen Grundes. Hierbei ist zu bemerken, daß der BGH den wichtigen Grund schon dann als gegeben ansieht, „wenn die GmbH sich in ihrer Ausgestaltung einer Personalgesellschaft nähert und wenn für den Gesellschafter Anlaß besteht, der Geschäftsführung im Hinblick auf wirtschaftlich bedeutsame Geschäftsvorgänge zu mißtrauen."

Nach Scholz und Feine ist das Auskunfts- und Einsichtsrecht nur gegeben,

---

109) Amtl. Begründung zum GmbHG S. 56.

110) Amtl. Begründung zum GmbHG S. 98.

111) BGH JZ 55, 47; Schilling ebenda S. 49; OLG Hamm NJW 49, 790; so auch schon, wenn auch eingeschränkt: RG 49, 141; RG JW 98, 15; Schmidt in Hachenburg § 45 Anm. 56; Scholz § 45 Anm. 2; Baumbach-Hueck, GmbHG § 46 Anm. 2 F u. 2 G; Vogel § 45 Anm. 2; Brodmann § 46 Anm. 2 b; Feine S. 508.

112) BGH JZ 55, 47; RG 49, 141; Vogel § 45 Anm. 2; Brodmann § 46 Anm. 2 b; Heining GmbH-Rdsch. 59, 85 u. 50, 12 f.

113) Schmidt in Hachenburg § 45 Anm. 46 b.

wenn dies zur Ausübung des Stimmrechts erforderlich ist[114]. Keine Voraussetzungen für das einfache Auskunftsrecht, wohl aber für das Einsichtsrecht, stellen ausdrücklich Schmidt und Hueck auf[115].
Durch die Anerkennung eines Auskunfts- und Büchereinsichtsrechts des einzelnen Gesellschafters ist ein weiteres personalistisches Merkmal für die GmbH gegeben. Dieses Recht ist nicht in dem gleichen Umfang beschränkt, wie das des Aktionärs nach § 112 AktG (für den ein Büchereinsichtsrecht überhaupt nicht vorgesehen ist), sondern es entspricht mehr den Kontrollrechten bei den Personalgesellschaften nach §§ 716 BGB, 118, 166 HGB.

Die Kennzeichnung des Auskunfts- und Einsichtsrechts als personalgesellschaftlich wird auch durch die in der Rechtsprechung und Lehre gegebenen Begründungen für diese Rechte nicht aus dem Wege geräumt. Nach Schmidt und Schilling ist das Auskunftsrecht des Gesellschafters dem Gesellschaftsrecht allgemein immanent, es fließe aus der in § 242 BGB verankerten Auffassung, daß ein Gesellschafter im Rahmen seines Rechts- und Pflichtenverhältnisses auch ein Auskunftsrecht über gesellschaftliche Vorgänge habe[116].

Dieser Begründung ist insoweit zuzustimmen, als sich hieraus das Bestehen eines Auskunftsrechtes allgemein ergibt. Wie der Vergleich zur typischen Kapitalgesellschaft, der AG, zeigt, ist jedoch ein so geartetes Kontrollrecht (Auskunft auch außerhalb der GV, Büchereinsicht evtl. unter Heranziehung von Sachverständigen) nicht ein dem Gesellschaftsrecht allgemein angehörender Grundsatz, sondern beschränkt auf die Personalgesellschaft, wo das Hervortreten der Person des Gesellschafters ein solches Recht erforderlich macht und gerechtfertigt erscheinen läßt. Diese Auffassung läßt sich auch in der Entscheidung des BGH finden. Der BGH erklärt zunächst, daß die Kontrollrechte bei der BGB-Gesellschaft, bei der OHG, der KG und der Stillen Gesellschaft mit Rücksicht (!) auf die Zuwendung der GmbH zu den Kapitalgesellschaften weder unmittelbar noch mittelbar angewandt werden könnten[117]. Der BGH folgert dann das Auskunftsrecht aus allgemeinen Grundsätzen (Treu und Glauben), weicht aber einer hiernach nur folgerichtigen Anwendung des gesteigerten Auskunftsrechtes auf alle Gesellschaften (also auch auf die Kapitalgesellschaften) aus, indem er die Rechte den GmbH-Gesellschaftern in diesem Umfang nur zubilligen will, wenn sich die Ausgestaltung der GmbH einer Personalgesellschaft nähert. Hierdurch wird mittelbar eben doch eine Parallele zu diesen gezogen.

Ähnlich ist es mit der von Scholz, Feine und dem OLG Hamm gebrauchten Begründung, eine ordnungsgemäße Ausübung des Stimmrechts des Gesellschafters setze ein Auskunftsrecht voraus und sei deshalb, soweit es hierzu erforderlich sei, zu gewähren[118]. Auch diese Begründung läuft mittelbar auf

---

114) Scholz § 45 Anm. 2; Feine S. 508.
115) Schmidt in Hachenburg § 45 Anm. 56 a; Baumbach-Hueck GmbHG § 25 Anm. 2 F.
116) Schmidt in Hachenburg § 45 Anm. 56 a; Schilling Anm. zu BGH JZ 55, 47, ebenda S. 49.
117) BGH 14, 53 f.
118) Scholz § 45 Anm. 2; Feine S. 508; OLG Hamm NJW 49, 790.

eine Analogie zu den Personalgesellschaften hinaus. Nur bei diesen besteht ein Stimmrecht in Angelegenheiten über einzelne Akte der Geschäftsführung, für das die Kenntnis einzelner Geschäftsvorgänge notwendig ist.

3. Die Treupflicht der GmbH-Gesellschafter

Zu unterscheiden ist der allgemeine Grundsatz von Treu und Glauben und die besondere gesellschaftsrechtliche Treupflicht. Der Grundsatz von Treu und Glauben ist, obwohl er nur in § 242 BGB, also im Abschnitt Recht der Schuldverhältnisse des BGB, seinen Ausdruck gefunden hat, als allgemeiner Rechtssatz anzusehen, der als Ausdruck des Gerechtigkeitsprinzips in allen Rechtsbereichen Geltung hat[119]. Er beherrscht auch das Gesellschaftsrecht, wobei die Unterteilung der Gesellschaftsformen in Kapital- und Personalgesellschaften keine wesenshafte Rolle spielt[120].

Anders steht es mit der besonderen Treupflicht. Diese ist, ohne daß hier auf die dogmatische Begründung eingegangen werden kann, als eine Steigerung des Grundsatzes von Treu und Glauben zu bezeichnen, die im Gegensatz zu diesem ganz konkrete Pflichten für die der Treupflicht unterliegenden Gesellschaftsmitglieder erzeugt. Die Treupflicht setzt ein besonders enges Verhältnis der Gesellschaftsmitglieder voraus. Sie kann abgeleitet werden aus der allgemeinen Pflicht des Gesellschafters, den gemeinsamen Gesellschaftszweck zu fördern. Die gesellschaftliche Treupflicht ist daher in erster Linie für die Personalgesellschaften anerkannt[121]. Für die Kapitalgesellschaften, d. h. für deren Prototyp, die AG, wird eine besondere Treupflicht der Aktionäre daher folgerichtig allgemein abgelehnt[122]. Demgegenüber wird für die GmbH in Übereinstimmung mit ihrer tatsächlichen Gestaltung eine Treupflicht allgemein angenommen, insbesondere in der neueren Rechtsprechung[123].

Im Gegensatz zum Aktienrecht handelt es sich bei der Treupflicht der GmbH-Gesellschafter nach diesen Autoren um eine echte Rechtspflicht, die den Gesellschafter auch zu einem positiven Tun veranlassen kann. Selbst von

---

119) Vgl. Staudinger-Weber § 242 Anm. 17.

120) Hueck, Gesellschaftsrecht, S. 158.

121) Hueck, Gesellschaftsrecht, S. 30 für die BGB-Ges.; ebenda, S. 131 und ferner OHG S. 120 für die OHG.

122) Godin-Wilhelmi § 1 Anm. 2; Soergel-Siebert § 242 E 5 c aa; Hueck, Treugedanke, S. 14; Gesellschaftsrecht, S. 131; Baumbach-Hueck, Aktiengesetz, Üb. 2 B v. § 48; Haupt-Reinhardt S. 113; H. Lehmann S. 263; eine Treupflicht des Aktionärs wird bejaht von: J. v. Gierke, Handelsrecht, S. 292; Teichmann-Köhler § 48 Anm. 5 b.

123) RG 164, 257 (262); 165, 79; 169, 334; RG DR 1940, 2177; BGH 14, 157 (163); 14, 38; 14, 250; OLG Stuttgart JR 55, 963; Schilling in Hachenburg Allg. Einl. Anm. 4; Baumbach-Hueck GmbHG Überbl. 2 B v. § 13; Hueck, Gesellschaftsrecht, S. 204; H. Lehmann S. 254; Scholz, Ausschließung, S. 22; J. v. Gierke ZHR 111, 190 (198); Knöpfel S. 85 f.; Petersen S. 77 f.; H.-M. Schmidt GmbH-Rdsch. 60, 137. Nur bei einer individualistischen GmbH (also doch bei 80 % aller GmbH) nehmen eine Treupflicht an: Haupt-Reinhardt S. 113; Eichler S. 66. Abgelehnt wird eine Treupflicht wohl nur von Vogel § 3 Anm. 10.

den Befürwortern einer Treupflicht des Aktionärs wird darauf hingewiesen, daß die Treupflicht des GmbH-Gesellschafters ungleich stärker ist[124].

Die Begründung für die Treupflicht bei der GmbH sind unterschiedlich. Petersen und H.-M. Schmidt wollen bei der GmbH trotz ihrer körperschaftlichen Struktur ein echtes gesellschaftsrechtliches Verhältnis unter den GmbH-Gesellschaftern annehmen[125] und folgern hieraus das Bestehen einer personalgesellschaftlichen Treupflicht[126]. Der BGH[127] lehnt eine solche Analogie zur OHG ab, da bei der GmbH nicht wie bei jener ein Gemeinschaftsverhältnis bestehe, kommt aber doch zu einer Anerkennung einer der dem Recht der OHG ähnlichen Treupflicht, indem er ausführt, daß „die Beziehungen der GmbH-Gesellschafter nicht rein kapitalistisch, sondern je nach Ausgestaltung auch persönlicher Art seien".

4. Das Ausschließungs- und Austrittsrecht bei der GmbH

Die Tendenz zur Personalisierung des GmbH-Rechts in der neueren Zeit erreicht ihren Höhepunkt in der Anerkennung eines Ausschließungsrechts der Gesellschaft gegen mißliebige Gesellschafter und andererseits eines Rechts zum Austritt aus der GmbH für das einzelne Mitglied.

Im GmbHG ist eine allgemeine Zwangsausschließung eines Gesellschafters nicht vorgesehen, ebensowenig wie ein allgemeines Austrittsrecht des einzelnen Gesellschafters[128]. Als gesetzliche Möglichkeiten eines Ausschlusses stehen nur die Kaduzierung, § 21 GmbHG, die Einziehung eines Geschäftsanteiles (Amortisation) nach § 34 GmbHG und die Konfiskation (fingierter Abandon) gem. § 27 I, 2 GmbHG zur Verfügung, während sich der Gesellschafter auf zwei Wegen nach dem Gesetz von der Gesellschaft lösen kann. Er hat die Möglichkeit, seinen Geschäftsanteil zu veräußern, § 15 GmbHG, und er hat das Abandon-Recht nach § 27 I, 1 GmbHG, wenn er zu Nachschüssen in Anspruch genommen wird.

Alle diese Möglichkeiten, insbesondere die des Zwangsausschlusses, sind an eng begrenzte Voraussetzungen geknüpft bzw. von dem Einverständnis des Gesellschafters abhängig. So kann die Amortisation, der Fall der Ausschließung ohne sachliche Voraussetzungen, nur vorgenommen werden, wenn sie im Gesellschaftsvertrag vorgesehen und der betr. Gesellschafter zugestimmt hat bzw. den Geschäftsanteil schon belastet mit der Amortisationsmöglichkeit übernommen hat, § 34 II GmbHG. Die Ausschlußmöglichkeiten erscheinen als Ausnahmen des Satzes, daß nach dem Gesetz in Übereinstimmung

---

124) J. v. Gierke, Handelsrecht, S. 312.
125) So auch Ballerstedt S. 181.
126) Petersen S. 77; H.-M. Schmidt GmbH-Rdsch. 60, 137.
127) BGH 9, 163.
128) Ein Recht zur Ausschließung eines Gesellschafters gegen seinen Willen, wie auch ein Austrittsrecht (Kündigung) für den einzelnen Gesellschafter kann im Ges.Vertrag vorgesehen werden. Diese Möglichkeit hat hier außer Betracht zu bleiben, da es darum geht, die GmbH nach ihrem gesetzlichen Normalstatut zu beurteilen.

mit den Grundsätzen der Kapitalgesellschaft ein Ausschluß eines Mitgliedes nicht zulässig ist.

Ähnliches gilt für das Recht des Gesellschafters zum Austritt aus der GmbH. Abgesehen von dem seltenen Fall des Abandon steht dem Gesellschafter als Weg des Austritts die Veräußerung des Geschäftsanteiles zur Verfügung. Der vom Gesetzgeber beabsichtigten Mittelstellung der GmbH zwischen Personal- und Kapitalgesellschaft folgend, hat das Gesetz die freie Veräußerung, wenn auch nur dispositiv und unter dem Formzwang der notariellen Beurkundung (worin, wie oben ausgeführt, bereits ein personalgesellschaftliches Moment zu sehen ist) grundsätzlich zulassen wollen. Dies entspricht der Auffassung, die Mitgliedschaft in der Kapitalgesellschaft sei nur ein Gegenstand, eine Vermögensbeteiligung. Ein besonderes Austrittsrecht erschien aus dieser Sicht darüber hinaus nicht notwendig. So erklärt die amtliche Begründung[129], ein einseitiges Kündigungsrecht des einzelnen Gesellschafters könne nicht in Frage kommen, und ebensowenig wie dem einzelnen Gesellschafter solle der Gesellschaft ein Recht zustehen, Anteile einseitig zu kündigen.

Bei einer rein nach dem kapitalistischen Prinzip strukturierten Gesellschaft besteht kein sachliches Bedürfnis nach einem Zwangsausschluß oder einem Austritt des Mitgliedes; da hier die Person des Gesellschafters gleichgültig und nur das Kapital wesentlich ist, ist für die Gesellschaft nur ein Rechtsbehelf für den Fall, daß das Mitglied die Kapitalleistungspflicht nicht erfüllt, die Kaduzierung, erforderlich. Andererseits genügt es den Interessen des Gesellschafters, wenn ihm die Möglichkeit der Versilberung seines Vermögensgegenstandes, der Mitgliedschaft, verbleibt.

Bedingt durch die Ausrichtung der GmbH in wirtschaftlicher Hinsicht auf die Personalgesellschaft, hat sich zunehmend ein anzuerkennendes Bedürfnis für die Zwangsausschließung störender und für den Austritt unzufriedener Gesellschafter gezeigt, das nicht durch die im Gesetz vorgesehenen Mittel befriedigt werden konnte[130]. Hierdurch ist die nach dem kapitalistischen Prinzip so einleuchtende Auffassung von der Mitgliedschaft als Vermögensgegenstand in Frage gestellt. Der Geschäftsanteil ist weder bei der GmbH nach dem gesetzlichen Normalstatut noch gar bei der im Rechtsleben vorherrschenden GmbH ein bloßes vermögenswertes Recht.

Nachdem das RG zunächst den Zwangsausschluß und den Austritt aus einer Kartell- und aus einer Nebenleistungs-GmbH bejaht hatte[131], werden heute fast einhellig diese Rechtsbehelfe allgemein für die GmbH aus wichtigem Grunde zugelassen[132]. Heute dürften sich, nachdem Schilling seine frühere

---

129) S. 36 und 86.

130) Vgl. insbes. die Zusammenstellung bei Scholz, Ausschließung, und Gercke S. 8 f.

131) RG 114, 212; 125, 114; 128, 1.

132) BGH 9, 157; 16, 317; OLG Frankfurt NJW 47/48, 429; LG Frankfurt DNotZ 52, 40; LG Regensburg DNotZ 53, 52; Schmidt in Hachenburg § 34 Anm. 18; Schilling JZ 55, 330 gegenüber seiner Meinung in Hachenburg All. Einl. Anm. 53; § 3 Anh. I und JZ 53, 489; Scholz in seiner Schrift Ausschließung und Austritt und in GmbH-Rdsch. 52, 17; Scholz-Fischer § 15 Anm. 8; Baumbach-Hueck, GmbHG § 34 Einf.; Hueck, Gesellschaftsrecht, S. 206 und DB 51, 108; NJW 51, 719; Vogel § 34 Anm. 5; BB 53, 460; H. Lehmann S. 302 ff.; J. v. Gierke,

Auffassung aufgegeben hat, allein noch Masur und Buchwald gegen die allgemeine Möglichkeit der Zwangsausschließung und des Austritts aussprechen[133].

Vielfältig sind die Begründungen, die für die Zulässigkeit des Zwangsausschlusses und des Austritts bei Schweigen des Gesellschaftsvertrages aus wichtigem Grunde gegeben werden. Ausgehend von der tatsächlichen Gestaltung der GmbH hält insbesondere Hueck eine Ausschließung in Analogie zu den §§ 737 BGB, 140 HGB, für gerechtfertigt[134]. Hiermit wird eine eindeutige Stellungnahme zu dem personalistischen Charakter der GmbH bezogen. Der BGH[135] lehnt eine analoge Anwendung dieser Vorschriften ab, „weil die bestehenden Unterschiede der GmbH zur BGB-Gesellschaft und OHG diese nicht rechtfertigen würden". Der BGH sucht in seinem Bestreben, eine Analogie zur Personalgesellschaft zu vermeiden, das Ergebnis aus dem allgemeinen Rechtssatz herzuleiten, „daß ein in die Lebensverhältnisse der Beteiligten stark eingreifendes Rechtsverhältnis vorzeitig gelöst werden kann, wenn ein wichtiger Grund vorliegt"[136]. Als Beispiele, in denen sich dieser Rechtssatz ausdrückt, führt der BGH an: das Arbeitsverhältnis und das Verhältnis Geschäftsherr-Handlungsagent, §§ 626 BGB, 70, 92 II HGB, 124a, 133b GewO sowie die Bestimmungen der §§ 721 f. BGB, 38 II GmbHG, 133, 161, 339 HGB, 61 GmbHG *und* 737 BGB, 140 HGB, 68 GenG.

Der Unterschied dieser Begründung zu der von Hueck liegt darin, daß statt einer Gesetzes- eine Rechtsanalogie vorgenommen wird. Der in den §§ 737 BGB, 140 HGB zum Ausdruck kommende Grundsatz der Ausschließung eines Gesellschafters aus wichtigem Grunde ist zweifellos auch eine Ausprägung des vom BGH herangezogenen allgemeinen Rechtssatzes. Aber auch die Begründung des BGH läuft auf eine Analogie zu den Grundsätzen der Personalgesellschaften im weiteren Sinne hinaus. Wenn der BGH als Konkretisierung des allgemeinen Rechtssatzes § 68 GenG anführt, wonach die Ausschließung eines Genossen möglich ist und die herrschende Lehre zum Vereinsrecht zitiert, nach der auch dort bei Schweigen der Vereinssatzung ein Ausschluß zulässig ist[137], so wird dies hierdurch nur bestätigt. Die Genossenschaft und der BGH-Verein sind als Personalkörperschaften aufzufassen.

Nur, „wenn ein in die Lebensbetätigung der Beteiligten stark eingreifendes Rechtsverhältnis vorliegt", hat der Satz der Lösung aus wichtigem Grunde Geltung. Das heißt für das Gesellschaftsrecht, nur bei Personalgesellschaften im weiteren Sinne findet er Anwendung, denn nur bei diesen ergreift das Gesellschaftsverhältnis die Lebensbetätigung des Gesellschafters in dieser Weise.

Handelsrecht, S. 418; Veith DB 48, 493; Mangoldt BB 53, 398; Grussendorf DNotZ 52, 43; Bergenroth MDR 51, 721; so auch zuletzt das RG in RG 169, 333.

133) Masur NJW 49, 407; Buchwald BB 53, 457.

134) Hueck, Gesellschaftsrecht, S. 206; DB 51, 108; NJW 51, 719; Baumbach-Hueck GmbHG § 34 Einf.; ebenso Bergenroth MDR 51, 721; Küster JR 52, 455.

135) BGH 9, 161 und 164.

136) BGH ebenda.

137) BGH 9, 162.

Andersherum kann in Übereinstimmung mit der Definition der Personalgesellschaft gesagt werden, daß, wenn durch die Mitgliedschaft in einer GmbH stark in das Lebensverhältnis der Gesellschafter eingegriffen wird (und das erkennt der BGH durchaus an, er spricht sogar in diesem Punkt von der Verwandtschaft der GmbH mit den Personalgesellschaften und dem Verein) die GmbH eben eine Personalgesellschaft ist, denn das Hervortreten der Person ist das allgemeine Kennzeichen dafür.

Daß der vom BGH gefundene Rechtssatz in Wahrheit nicht so allgemein ist, zeigt, daß er auf die AG und andere echte Kapitalgesellschaften, wie die bergrechtliche Gewerkschaft, keine Anwendung findet.

Eine andere Begründung bringen Scholz und ihm folgend das RG, die davon ausgehen, daß in jedem Gesellschaftsvertrag stillschweigend die Klausel enthalten sei, daß bei Vorliegen eines wichtigen Grundes der betreffende Gesellschafter ausgeschlossen und sein Geschäftsanteil eingezogen werden könne[138]. Gegen diese Argumentation wird zu Recht vielfach Kritik erhoben. Eine so weitgehende stillschweigende Klausel kann nicht anerkannt werden. Gem. § 2 GmbHG bedarf der Gesellschaftsvertrag der notariellen Beurkundung, er trägt die Vermutung der Vollständigkeit in sich, und der Gesellschafter soll die Gewähr haben, nicht plötzlich vertraglichen Rechtsfolgen gegenüberzustehen, die er weder gekannt, noch gewollt hat[139].

Im einzelnen ist die Durchführung des Ausschlusses und des Austritts lebhaft umstritten. Problematisch erscheint insbesondere die Frage, ob der Ausschluß und der Austritt durch rechtsgestaltendes Urteil[140] oder durch einfachen Gesellschafterbeschluß vollzogen werden soll und wie die vermögensrechtliche Auseinandersetzung des ausgeschiedenen Gesellschafters mit der Gesellschaft vorgenommen werden soll. Diese Fragen können hier außer Betracht bleiben. Für die Untersuchung der Rechtsnatur der GmbH ist nur die Möglichkeit des Ausschlusses und des Austritts als solche und die Begründung hierzu bedeutsam[141].

VII. Zusammenfassung

Die Untersuchung der einzelnen Merkmale der GmbH nach dem Gesetz und die Betrachtung der neueren Entwicklung in Lehre und Rechtsprechung hat gezeigt, daß der Satz von der GmbH als Kapitalgesellschaft und als „kleiner AG" nicht aufrechterhalten bleiben kann.

Die tatsächliche Ausgestaltung der GmbH zur individuellen Personalgesellschaft hat auch die rechtliche Entwicklung beeinflußt. Zeigt schon das vom Gesetzgeber geschaffene Normalstatut der GmbH deutliche Züge der Personalgesellschaft im weiteren Sinne, so hat die Rechtsentwicklung — diese

---

[138]) Scholz, Ausschluß, S. 32; § 34 Anm. 5; RG 169, 333; ähnl. Haupt S. 151.

[139]) Bergenroth MDR 51, 722; Masur NJW 49, 408; Hueck DB 53, 776; BGH 9, 161.

[140]) So der BGH 9, 161, wobei er bemerkenswerterweise an § 140 HGB anschließt.

[141]) Zur Durchführung zusammenstellend die Dissertationen von Wulff, Gercke, Mezger.

Tendenz fortsetzend — den Standort der GmbH weiter zu diesen hin verschoben[142].

Die Grenzen der Strukturveränderung der GmbH sind dabei in dem Prinzip des körperschaftlichen Aufbaues gegeben.

Dem neuen Bild der GmbH wird nur eine Kennzeichnung als kapitalbezogene Personalkörperschaft gerecht[143]. Das Prinzip der beschränkten Haftung und das Bestehen des Stammkapitals als Garantiefonds stehen dieser Einstufung nicht entgegen; beide Merkmale sind bei der Genossenschaft in gleicher Weise gegeben, und doch besteht kein Zweifel an deren personengesellschaftlicher Struktur.

VIII. Anhang: Das Wesen der GmbH und die Reform

Es ist nicht Aufgabe dieser Arbeit, die Reform der GmbH im allgemeinen zu behandeln und die bisherigen Reformpläne in ihren Einzelheiten nachzuzeichnen. Nur kurz sei hier auf die Reformvorschläge, soweit sie die Rechtsnatur der GmbH betreffen, eingegangen.

Der Wunsch nach einer Reform der GmbH ist so alt wie das GmbHG selbst. Bereits 1909 betonten Hachenburg und Neukamp die Reformbedürftigkeit des Gesetzes[144]. Zwei Hauptrichtungen lassen sich in der seitdem nicht abreißenden Diskussion der GmbH-Reform feststellen[145]. Die eine Richtung, zu deren maßgeblichen Vertretern heute Hueck und J. v. Gierke gehören, hält eine mehr oder weniger weitgehende Anpassung der GmbH an das Recht der AG für erforderlich[146]. Auf der anderen Seite sind die Vertreter einer stärkeren Anlehnung an das Recht der Personalgesellschaften zu finden, wobei das Ziel je nach Auffassung der Vertreter eine OHG mbH oder nur eine stärker individualisierte GmbH ist[147].

Besondere Bedeutung für die GmbH-Reform ist dem auf den Arbeiten des Reformausschusses für GmbH der Akademie für Deutsches Recht aufbauenden Gesetzesentwurf des Reichsjustizministeriums aus dem Jahre 1940 beizumessen. Auf Grund der Kriegsereignisse ist dieser Vorschlag nicht mehr verwirklicht worden, eine Veröffentlichung hat nicht stattgefunden.

---

142) Unverständlich ist daher die Auffassung von J. v. Gierke (Handelsrecht S. 407), daß die GmbH nach der Absicht des GmbHG und „vollends gemäß unserem heutigen Rechtsdenken" eine Kapitalgesellschaft sei.

143) Daß auch dem Gesetzgeber die Verbindung von personalgesellschaftlichen Elementen mit einem fest bestimmten Gesellschaftskapital nicht fremd ist, zeigt die Verwendung des Begriffes „personenbezogene Kapitalgesellschaft" in § 5 der 2. DVO zur Dividendenabgabe VO v. 5. 5. 1942.

144) Hachenburg LZ 1909 Sp. 15; Neukamp LZ 1909 Sp. 416.

145) Die während des 3. Reiches gemachten Versuche, die GmbH durch Stärkung des „Führerprinzips" zu „verpersönlichen" können als überholt außer Betracht bleiben.

146) Hueck, GmbHG, Einl. Anm. 5: „Eine Reform des GmbH-Rechts ist ... dringend erforderlich, ... weil eine Anpassung des GmbHG an das ... Aktiengesetz von 1937 wünschenswert erscheint"; J. v. Gierke, Handelsrecht, S. 196.

147) Pitreich DJT 1912, 314; Wieland, Handelsrecht II, S. 283.

Der Entwurf des Reichsjustizministeriums bestimmt in seinem grundsätzlichen § 1:

§ 1 (Wesen der GmbH)

1. Die GmbH ist eine mit eigener Rechtspersönlichkeit ausgestattete Gesellschaft, in der sich zwei oder mehr Personen zusammenschließen, um durch sie einen gemeinsamen Zweck zu fördern oder zu erreichen.
2. Die Gesellschafter sind mit Einlagen auf das in Stammanteile zerlegte Stammkapital beteiligt.
3. Für die Verbindlichkeiten der Gesellschaft haftet nur das Gesellschaftsvermögen. Die Gesellschafter sind zu Leistungen über die Einlage hinaus nur verpflichtet, soweit dies ausdrücklich bestimmt ist.

Die amtliche Begründung erläutert das Wesen der GmbH nach diesem Entwurf als einer Personengesellschaft mit gebundenem Kapital, die vielerlei Ähnlichkeit mit der OHG habe[148] und bei der versucht worden sei, in den die inneren Verhältnisse der Gesellschaft regelnden Vorschriften die Züge der Personengesellschaft herauszuarbeiten[149]. Trotz der personengesellschaftlichen Elemente hält der Entwurf aber an der körperschaftlichen Struktur der GmbH fest. Diese zeigt sich in der Betonung der Rechtspersönlichkeit, § 1 I. Entw. zum GmbHG v. 1940, der Notwendigkeit von Gesellschaftsorganen (Geschäftsführer, §§ 54 f., Gesellschafterversammlung, § 48 und fakultativer AR, §§ 71 ff.) und der nach dem Mehrheitsprinzip strukturierten Willensbildung der Gesellschaft, §53 Entw. z. GmbHG v. 1940.

Die Entscheidung über die grundsätzliche Ausrichtung der Reform der GmbH ist angesichts des gefundenen tatsächlichen Materials nicht schwierig. Wie das Reichsjustizministerium 1940 die Schlußfolgerungen aus dem wirtschaftlichen Charakter der GmbH gezogen hat[150], so ist auch von dem heutigen Gesetzgeber diese grundsätzliche Entscheidung zu fordern. Der Gesetzgeber von 1892 ist bei der Schaffung des GmbHG von irrigen Vorstellungen über die wirtschaftliche Entwicklung der GmbH ausgegangen. Es ist erforderlich, diese falsche gesetzgeberische Auffassung zu revidieren.

Eine Entwicklung der GmbH in Richtung auf die AG hin, insbesondere unter Beachtung der neueren Reformentwürfe zum Aktiengesetz erschiene als ein Rückschritt und angesichts der entgegengesetzten Fortentwicklung des GmbH-Rechts durch die Lehre und Rechtsprechung als bedauerlich. Eine Bejahung des personengesellschaftlichen Charakters der GmbH braucht dabei nicht einen Verzicht auf Schutzvorschriften zugunsten des Rechtsverkehrs und der Gläubiger der GmbH bedeuten. Diese sind, wie der Entwurf des RJM von 1940, der in den §§ 9—30 detaillierte und strenge Schutzvorschriften über die Gründung und die Sicherung des Stammkapitals aufstellt, und in den §§ 87—96 Bestimmungen über die Rechnungslegung und die Prüfung des Jahresabschlusses enthält, zeigt, mit der grundsätzlichen Anerkennung der GmbH als Personalgesellschaft vereinbar.

---

148) Amtl. Begründung 1940, S. 8.

149) Ebenda S. 4.

150) Amtl. Begründung 1940, S. 8. Maßgeblichen Einfluß dürfte dabei die Analyse des Statistischen Reichsamtes aus dem Jahre 1936 gehabt haben.

C. DIE MINDERHEITSRECHTE IM ALLGEMEINEN

— BEGRIFF UND ABGRENZUNG VON ANDEREN RECHTEN —

I. Einteilung der Minderheitsrechte

Während im Aktienrecht, wo von allen Korporationen allein bisher die Minderheitsrechte Gegenstand besonderer rechtlicher Untersuchungen waren, die Einteilung und Unterteilung der Minderheitsrechte als besonderes Problem betrachtet wird[1], erscheint dies für das Recht der GmbH angesichts der geringen Anzahl der gesetzlich normierten Minderheitsrechte unnötig. Im Aktienrecht unterscheidet man eigentliche und uneigentliche (uneigentliche dann, wenn auch die Mehrheit das Ziel der Minderheit erreichen kann, eigentliche, wo nur die Minderheit eine Entscheidung erzwingen kann)[2], Minderheitsrechte, die in der Generalversammlung und solche, die außerhalb derselben geltend gemacht werden[3]; man klassifiziert in aggressive, positive und andererseits in defensive, negative und neutrale Rechte[4]. Daneben taucht die Unterscheidung in gesetzliche und durch die Satzung geschaffene Minderheitsrechte auf[5]. Gierke[6] nimmt eine Aufteilung der aktienrechtlichen Minderheitsrechte in solche, die sich gegen einen Beschluß der HV wenden, solche, die in der HV anstelle eines Beschlusses geltend gemacht werden und sonstige Minderheitsrechte vor. Horrwitz teilt in materielle und formelle Minderheitsrechte ein[7].

Für den Bereich der GmbH ist allein eine Einteilung der Minderheitsrechte in positive und negative erforderlich und gerechtfertigt. Als positiv sind dabei die Minderheitsrechte anzusehen, die es der Minderheit ermöglichen, aktiv tätig zu werden, d. h. ein rechtliches Verlangen gegenüber der Mehrheit durchzusetzen oder zu äußern. Positive Minderheitsrechte sind im GmbHG nur an dreifacher Stelle vorgesehen. Die Möglichkeit, gegen den Willen der Mehrheit aktiv zu werden, ist der Minderheit eingeräumt in § 50 GmbHG, nach dem die Minderheit die Einberufung der GV durchsetzen kann, in § 61 II GmbHG, wo die Minderheit bei Vorliegen bestimmter Voraussetzungen die Auflösung der GmbH im Wege der Gestaltungsklage verlangen kann

1) Mainzer S. 14 f.; Baur S. 13 f.
2) Brodmann Akt R § 264 Anm. 1 b.
3) Mainzer S. 15.
4) Lendle S. 15; Mainzer S. 16.
5) Mainzer S. 14.
6) J. v. Gierke, Handelsrecht S. 315.
7) Horrwitz S. 62.

und in § 66 II GmbHG, der der Minderheit das Recht gibt, die Bestellung und Abberufung von Liquidatoren durchzusetzen[8].

Als negativ sind die Minderheitsrechte zu bezeichnen, auf Grund derer die Minderheit keine eigene Maßnahme durchsetzen kann, sondern nur die Möglichkeit hat, die von der Mehrheit gewünschte Regelung zu verhindern. Negative Minderheitsrechte sind dann gegeben, wenn vom Gesetz oder durch Gesellschaftsvertrag für die Beschlußfassung der GV eine größere als die einfache Mehrheit gefordert wird, gleichgültig ob die Berechnung der Stimmen nach Kapital- oder Personenstimmen zu geschehen hat.

Eine qualifizierte Mehrheit ist nach dem Gesetz in folgenden Fällen vorgeschrieben: bei der Änderung des Gesellschaftsvertrages, § 53 GmbHG (3/4 der abgegebenen Stimmen), bei der Auflösung der Gesellschaft durch Beschluß, § 60 Nr. 2 GmbHG (3/4 der abgegebenen Stimmen), bei der Übertragung des Vermögens der AG auf eine OHG, §§ 24, 9 f. UmwG (Mehrheit der Stimmen, die 3/4 des Stammkapitals umfassen müssen), der Übertragung des Gesellschaftsvermögens auf einen Gesellschafter, §§ 24, 15 UmwG, bei der Umwandlung in eine OHG, §§ 24, 19 UmwG, eine KG, §§ 24, 20 UmwG und BGB-Gesellschaft §§ 24, 22 UmwG (Mehrheit der Stimmen, die 9/10 des Stammkapitals umfassen müssen), bei der Verschmelzung der GmbH mit einer AG oder einer KG aA, § 249 III AktG (3/4 der abgegebenen Stimmen), bei der Umwandlung einer GmbH in eine AG, §§ 296 II AktG, 53 GmbHG (3/4 der abgegebenen Stimmen, u. U. Zustimmung einzelner Gesellschafter), bei der Umwandlung der GmbH in eine KG aA, §§ 283 AktG, 53 GmbHG (3/4 der abgegebenen Stimmen und Zustimmung der persönlich haftenden Gesellschafter).

II. Die Rechtsnatur der Minderheitsrechte

1. Die Organstellung der Minderheit

Gem. § 47 I GmbHG üben die Gesellschafter der GmbH ihre Befugnisse durch Beschlußfassung in der GV aus. Die GV ist das oberste Organ der GmbH, neben der als weitere Organe der Geschäftsführer bindend vorgeschrieben ist und andere, wie Aufsichtsrat, Verwaltungsrat, Beirat, von dem Gesellschaftsvertrag vorgesehen werden können.

Kommt neben diesen Organen auch der Minderheit bei Ausübung ihrer Rechte eine Organstellung zu? Diese Frage wird von der herrschenden Lehre generell bejaht. Feine[9] bezeichnet die Minderheitsrechte insgesamt als „Vertretungsrechte", weil die Minderheit in den gesetzlich vorgeschriebenen oder durch Satzung eingeräumten Fällen, die Gesamtkorporation vertrete und

[8]) Hachenburg 5. Aufl. § 50 Einl.; § 61 Einl., will sogar für das GmbH-Recht nur ein einziges Minderheitsrecht anerkennen, das Recht des § 50 GmbHG. Dagegen: Scholz GmbH-Rdsch. 55, 36; Rückersberg HansRGZ Abtlg. A Sp. 205; Groschuff § 45 Anm. 2 B.

[9]) Feine S. 512.

ihren Willen bilde[10]. Die Organstellung der Minderheit wird dabei insbesondere von Bachmann und Feine als allen Minderheitsrechten innewohnende Eigenschaft aufgefaßt.

Diese Meinung bedarf der Nachprüfung. Nicht alle Minderheitsrechte brauchen notwendig zu einer Organstellung der Minderheit zu führen. Keine Organstellung hat die Minderheit sicher in den Fällen, wo sie lediglich kraft ihrer Sperrminorität einen positiven Beschluß verhindern kann, also bei den negativen Minderheitsrechten. Aber auch bei den positiven Minderheitsrechten sind Gestaltungen, insbesondere bei den durch Gesellschaftsvertrag eingeräumten, denkbar, bei denen der Minderheit keine Organqualität zukommt, etwa wenn bestimmt ist, daß nicht jedem Gesellschafter schlechthin Auskunft über Gesellschaftsangelegenheiten zu erteilen ist, sondern das Auskunftsrecht als Minderheitsrecht ausgestaltet ist. Die Frage nach der Organstellung ist daher für jedes der positiven Minderheitsrechte im GmbHG im einzelnen zu prüfen. Eine Organstellung der Minderheit wird man immer dann anzunehmen haben, wenn der Wille der Minderheit Wirkung für die Gesamtkörperschaft hat, d. h. als Wille der juristischen Person dieser zugerechnet wird[11].

Nach § 50 GmbHG ist die Minderheit berechtigt, die Einberufung der GV bzw. die Ankündigung bestimmter Gegenstände zur Beschlußfassung der GV zu verlangen. Wird diesem Verlangen nicht oder nicht in angemessener Frist von den zur Einberufung zuständigen Organen (in der Regel der Geschäftsführer, § 49 I GmbHG, denkbar ist aber auch ein Recht der Einberufung für den AR, § 52 GmbHG mit § 95 IV AktG, oder Verwaltungsrat, Beirat) stattgegeben, so kann die Minderheit diese Maßnahmen selbst vornehmen, d. h. sie kann die GV selbst einberufen oder die verlangten Gegenstände, über die eine Beschlußfassung erstrebt wird, selbst den anderen Gesellschaftern mitteilen.

Bei dem Minderheitsrecht des § 50 GmbHG sind somit zwei Vorgänge zu unterscheiden: das Verlangen an das Einberufungsorgan und die Einberufung bzw. Ankündigung selbst. Eine Tätigkeit der Minderheit als Gesellschaftsorgan, und zwar als außerordentliches, wird man ohne weiteres bejahen können in dem Fall der durch die Minderheit selbst vorgenommenen Einberufung oder Ankündigung. Die Folge einer Einberufung oder Ankündigung durch die Minderheit ist die gleiche, als wenn das normalerweise zuständige Organ gehandelt hätte. Es handelt sich bei der so einberufenen Versammlung um eine gültige GV, deren Beschlüssen die gleiche Wirksamkeit zukommt, wie denen einer ordentlichen GV[12]. Der Minderheit kommt hierbei die gleiche Rechtsmacht zu wie einem ordentlichen Organ, sie handelt mit Wirkung für die Gesellschaft.

---

[10]) Ebenso Karl Lehmann II S. 278; O. v. Gierke S. 267 ff.; Bachmann S. 110 ff.; Winkler-Krämer S. 4; Rehfeldt S. 16; Lendle S. 41, für das Aktienrecht. Würdinger, Aktienrecht § 24 I S. 158 f. spricht davon, daß der Willensakt der Minderheit der Gesellschaft „zuzurechnen" sei.

[11]) Vgl. Würdinger, Aktienrecht, § 19 I 2, S. 119.

[12]) Unbestritten: Schmidt in Hachenburg § 50 Anm. 15; Scholz § 50 Anm. 7; Baumbach-Hueck GmbHG § 50 Anm. 3 A.

Fraglich könnte sein, ob dies auch hinsichtlich des bloßen Verlangens an das Einberufungsorgan der Fall ist. Folgt dieses dem geäußerten Minderheitsverlangen, so handelt es sich immer um eine Einberufung oder Ankündigung auf normalem Wege. Eine so zustande gekommene GV steht einer GV, die ohne das Verlangen der Minderheit auf Entschluß des Geschäftsführers einberufen wurde, völlig gleich, insbesondere findet nicht die Kostenregelung des § 50 III GmbHG Anwendung[13]. Aus diesen Erwägungen rechnet Mainzer[14] für den entsprechenden Fall bei der AG der Minderheit hier keine Organstellung zu.

Richtigerweise wird man dies jedoch bejahen müssen. Das Verlangen der Minderheit ist keine bloße Anregung an den Geschäftsführer, wie sie jeder Gesellschafter auch ohne einen Anteil von 10 % und etwa jedes Mitglied des AR oder Verwaltungsrates geben könnte. Das Verlangen der Minderheit bedeutet Wille der juristischen Person; er löst auf Seiten des Einberufungsorgans eine Rechtspflicht zum Handeln aus[15]. Gegen die Annahme einer Rechtspflicht spricht nicht, daß eine Erfüllungsklage unzulässig ist, die Möglichkeit zur Erzwingung der Einberufungspflicht ist gegeben, und nur auf das Selbsthilferecht des § 50 II GmbHG beschränkt. Das Einberufungsorgan hat kein Prüfungsrecht über die materielle Zweckmäßigkeit des Minderheitsverlangens, nur bei Fehlen der formellen Voraussetzungen darf das Verlangen zurückgewiesen werden[16]. Auch in diesem Fall also wird die Entschließung eines ordentlichen Gesellschaftsorgans durch die Minderheit ersetzt.

Ebenso wird man der Minderheit eine Organstellung im Falle des § 66 II, III GmbHG zuerkennen können. Die Minderheit hat hiernach das Recht, die Bestellung oder Abberufung von Liquidatoren bei Vorliegen von wichtigen Gründen durch das Gericht zu verlangen. Ein Bedenken gegen die Organstellung der Minderheit könnte sich aus dem Wortlaut „auf Antrag k a n n das Gericht" ergeben. Diese Kannvorschrifft ist jedoch nicht in dem Sinne aufzufassen, daß das Gericht nach Belieben entscheiden dürfte und der Antrag nur als Anregung zu verstehen ist. Die Kannvorschrift des § 66 II, III GmbHG (wie auch die des §61 GmbHG) legt lediglich die Zuständigkeit des Registergerichts fest, sie bedeutet, daß, wenn die Voraussetzungen des § 66 GmbHG vorliegen, das Gericht die begehrte Maßnahme aussprechen m u ß[17]. Die Ausübung dieses Minderheitsrechts durch die Minderheit hat hier also die gleiche Folge, wie wenn die GV durch Beschluß Liquidatoren bestellen oder abberufen würde. Auch in diesem Fall wirkt das Vorgehen der Minderheit für die Gesamtkorporation[18].

13) Schmidt in Hachenburg § 50 Anm. 7, 16.

14) Mainzer S. 27.

15) Schmidt in Hachenburg § 50 Anm. 8 spricht von einer „Verpflichtung" des Geschäftsführers zur Einberufung.

16) Unbestritten vgl. Schmidt in Hachenburg § 50 Anm. 7.

17) H. L.: Schmidt in Hachenburg § 66 Anm. 7; Scholz § 66 Anm. 5; Baumbach-Hueck GmbHG § 66 Anm. 3 A.

18) Besonders deutlich kommt die Organstellung der Minderheit bei Ausübung der entspr. Rechte im AktG, § 206, und im Gen.Recht, § 83 III GenG, zum Ausdruck.

Anders ist die Stellung der Minderheit bei der Auflösungsklage des § 61 GmbHG zu beurteilen. In der Auflösungsklage kommt der personengesellschaftliche Charakter der GmbH zum Ausdruck. Die Vorschrift des § 61 GmbHG wurde der des § 133 HGB nachgestaltet[19]. Die Auflösungsklage ist ein im Recht der Korporation unbekannter Rechtsbehelf. Sie findet sich weder bei der AG noch bei dem Verein und der Genossenschaft. Die Auflösungklage entstammt dem Recht der individuellen Gesellschaft und war deshalb nur schwer in den Aufbau der GmbH als Körperschaft einzuordnen.

Das Vorbild des § 61 GmbHG, der § 133 HGB, beruht auf dem Gedanken, daß ein personenrechtliches Vertragsverhältnis bei wichtigem Grunde jederzeit gelöst werden kann[20]. Gegner der Auflösungsklage nach § 133 HGB ist nicht die OHG, sondern es sind die widersprechenden Gesellschafter. Die Gesellschaft ist Objekt und nicht Subjekt des Streites[21]; es handelt sich bei der Auflösungsklage um einen in die Rechtsbeziehungen der Gesellschafter selbst eingreifenden Akt.

Dieser Grundgedanke ist auch bei der GmbH anzutreffen. Auf Grund des körperschaftlichen Aufbaus der GmbH ist zwar die Klage nicht mehr gegen die widersprechenden Gesellschafter zu richten, sondern gegen die Gesellschaft als solche; das Ziel der Klage ist formal betrachtet Vernichtung der errichteten juristischen Person. Materiell aber handelt es sich auch bei der Klage aus § 61 GmbHG um die Lösung des zwischen den Gesellschaftern bestehenden Bandes. Die die Klage betreibende Minderheit handelt nicht für und als Vertreterin des Gesamtwillens der verselbständigten Korporation, sondern verfolgt mit der Klage die Auflösung des Bandes mit den übrigen Gesellschaftern[22].

Diese Ansicht findet ihre Bestätigung in der Notwendigkeit der Auflösung der GmbH durch eine Klage auch für die Mehrheit der Gesellschafter. Da gem. § 60 Nr. 2 GmbHG für den Auflösungsbeschluß eine Dreiviertelmehrheit erforderlich ist, ist auch für die Mehrheit der Gesellschafter, die unter der Dreiviertelmehrheit bleibt, die Auflösungsklage das Mittel zur Lösung des gesellschaftlichen Bandes. Die Auflösungsklage ist damit nichts anderes als eine im Interesse des Rechtsverkehrs und der Erhaltung von wirtschaftlichem Vermögen eingeschränkte Kündigung der Gesellschafter[23].

Noch eine andere Erwägung führt zu dem gleichen Ergebnis. Die Tätigkeit eines Organes der Gesellschaft geschieht im Interesse der Gesellschaft, sie nimmt deren Interessen wahr. Ein solches fremdnütziges Handeln, wobei das Handeln allerdings zugleich auch eigennützig sein kann, da das, was der

---

Dort ist in Form einer Aufzählung der antragsberechtigten Personen die Minderheit neben dem AR genannt.

[19]) Feine S. 629.

[20]) Weipert in RGRK-HGB § 105 Anm. 1; Baumbach-Duden § 133 Anm. 1.

[21]) Weipert ebenda Anm. 18; Baumbach-Duden ebenda Anm. 2 A.

[22]) Marcus Monatsschrift 1907, 9 zieht hieraus den Schluß, das Recht des § 61 GmbHG sei kein Minderheitsrecht. Dafür ist indes die Zweckrichtung nicht entscheidend, sondern nur die Anknüpfung an eine prozentuale Beteiligung am Stammkapital.

[23]) Brodmann § 61 Anm. 1 a.

Gesellschaft nützt, zugleich auch letztlich der Minderheit zugute kommt, ist bei der Minderheit in den Fällen der §§ 50 und 66 GmbHG zu beobachten. Wenn die Minderheit aus wichtigem Grunde, der z. B. vorliegt, wenn die bisherigen Liquidatoren unfähig sind, sich der Pflichtverletzung schuldig gemacht haben oder zum Nachteil der Gesellschaft handeln[24], die Abberufung oder Bestellung der Liquidatoren verlangt, so nimmt sie dabei die Interessen der GmbH wahr, sie vertritt diese und will die Gesellschaft und damit mittelbar sich selbst vor Schaden bewahren. Gleiches trifft zu für den Fall des § 50 GmbHG. Wenn die Minderheit wegen eines wichtigen Vorfalls die GV gegen den Willen des Geschäftsführers einberuft, um den Gesellschaftern die Möglichkeit zur Entschließung zu geben, so ist dies Wahrnehmung von Gesellschaftsinteressen.

Eine Interessenwahrnehmung zugunsten der Gesellschaft liegt bei der Auflösungsklage des § 61 GmbHG nicht vor. In dem Bestreben, die GmbH aufzulösen, kann eine solche schlecht gesehen werden. Mit der Auflösungsklage verfolgt die Minderheit eindeutig eigene, eigennützige Belange. In diesem Punkt geht das Individual- dem Verbandsinteresse vor[25].

2. Die Minderheitsrechte im System der Mitgliedsrechte des Gesellschafters

Minderheitsrechte sind die den Mitgliedern einer Korporation durch Gesetz oder Gesellschaftsvertrag beigelegten Befugnisse, die gemeinsamen gesellschaftlichen Interessen auch gegen den Willen der Mehrheit wahrzunehmen und sich so gegen eine Vergewaltigung durch die Mehrheit zu schützen[26].

Diese Definition der Minderheitsrechte gibt keine Antwort auf die Frage nach der Rechtsnatur der Minderheitsrechte, sie umschreibt und erklärt nur deren Inhalt. Da die Minderheitsrechte das Ziel des Schutzes der Minderheit gegen die Mehrheit verfolgen, ist die Frage nach der Unentziehbarkeit der Minderheitsrechte von großer Bedeutung. Hierfür kann die Untersuchung der Rechtsnatur einer Lösung dienlich sein.

Wie die Darstellung der Berechnung der Minderheit gezeigt hat, sind die positiven Minderheitsrechte nicht abhängig von dem Stimmrecht. Diese Minderheitsrechte stehen auch einem Gesellschafter zu, der von dem Stimmrecht ganz ausgeschlossen ist. Die positiven Minderheitsrechte werden nicht von der Zubilligung eines erhöhten Stimmrechts durch Schaffung von Mehrstimmrechtsanteilen berührt. Die positiven Minderheitsrechte sind direkte Ausflüsse der Mitgliedschaft in der Korporation[27].

Anders steht es mit den negativen Minderheitsrechten. Diese sind abhängig von der durch Gesetz oder Gesellschaftsvertrag vorgenommenen Verteilung der Stimmenzahl auf die einzelnen Gesellschafter[28]. Sie sind Folge und Aus-

[24]) Schmidt in Hachenburg § 66 Anm. 6.
[25]) Unter gleichem Gesichtspunkt sieht Feine S. 630 die Auflösungsklage.
[26]) Neukamp § 61 Anm. 2; J. v. Gierke, Handelsrecht S. 315.
[27]) J. v. Gierke, Handelsrecht S. 315.
[28]) Schilling in Hachenburg § 53 Anm. 36.

fluß des Stimmrechts. Ist einem Gesellschafter das Stimmrecht entzogen, etwa bei einem Vorzugsgeschäftsanteil, so entfällt damit automatisch für ihn die Möglichkeit, als Sperrminorität wirksam zu werden.

Wegen ihrer verschiedenen Ableitung sind daher die positiven und negativen Minderheitsrechte in der Untersuchung ihrer Rechtsnatur zu trennen[29].

Da die positiven Minderheitsrechte Folge der Mitgliedschaft in der Korporation sind, ist ihre Einordnung in die allgemeinen Mitgliedschaftsrechte vorzunehmen. Die Rechte eines Mitgliedes einer Korporation sind in zwei Gruppen zu unterteilen: in sog. Gläubiger- oder Drittrechte und in die Mitgliedsrechte[30].

Die Gläubigerrechte finden sich in den außerkörperschaftlichen Rechtsverhältnissen des Mitgliedes zu der Gemeinschaft[31]. Der Gesellschafter steht hier der Gesellschaft nicht anders gegenüber als ein unbeteiligter Dritter. Die Gläubigerrechte des Mitgliedes entstehen entweder durch Rechtsgeschäft mit der Gemeinschaft (Kauf, Darlehen usw.) oder sie entwickeln sich aus allgemeinen Mitgliedsrechten, so. z. B. der Anspruch auf den Anteil des festgesetzten jährlichen Reingewinns, der Anspruch auf den Liquidationserlös nach der Versilberung und Abwicklung. Diese Drittrechte können außerhalb der Betrachtung bleiben, die Minderheitsrechte sind ihnen nicht zuzurechnen.

Bei den Mitgliedsrechten unterscheidet man die allgemeinen Mitgliedschaftsrechte und die Sonderrechte gem. § 35 BGB. Erstere sind wiederum zu unterteilen in das Recht auf Teilnahme an der Verwaltung der Korporation (Stimmrecht, Teilnahme an der GV, Wahlrecht), die sog. Organschafts[32]- oder Herrschaftsrechte[33] und in die vermögensrechtlichen Mitgliedschaftsrechte (Wertrechte[32], Vermögensrechte[33]), so z. B. der Anspruch auf den Reingewinn, den Liquidationserlös, auf Benutzung der Gesellschaftseinrichtungen und das Bezugsrecht bei Ausgabe neuer Anteile.

Während die allgemeinen Mitgliedschaftsrechte dem Grundsatz nach der Herrschaft der Korporation unterliegen, also durch Mehrheitsbeschluß abänderbar sind[34], sind die Sonderrechte eines Mitgliedes kraft der gesetzlichen Bestimmung des § 35 BGB, der als allgemeiner Grundsatz der Korporationen unbestritten auch auf die GmbH anwendbar ist[35], einer Majorisierung entzogen; sie sind ohne Zustimmung des Betroffenen nicht entziehbar.

Im GmbH-Recht sind die gesetzlich ausgestalteten positiven Minderheitsrechte nicht wie im Aktienrecht vom Gesetzgeber alle als unabdingbar erklärt worden. Das Minderheitsrecht des § 50 GmbHG ist nach dem Ge-

[29]) Bedenklich daher die unterschiedslose Behandlung bei Mainzer S. 18 und Baur S. 12.

[30]) H. Lehmann S. 189; Hueck, Gesellschaftsrecht S. 155 f.

[31]) Feine S. 269; Hueck, Gesellschaftsrecht S. 155.

[32]) H. Lehmann S. 189; Enneccerus-Nipperdey S. 674, § 112 III.

[33]) Schilling in Hachenburg § 14 Anm. 17.

[34]) Dies allerdings nur im Grundsatz, denn auch allgemeine Mitgliedschaftsrechte können kraft Gesetzes zwingend sein, worauf Gierke, Handelsrecht S. 333, zu Recht hinweist.

[35]) Vgl. Schilling in Hachenburg § 14 Anm. 18.

setzeswortlaut nachgiebig, § 45 GmbHG, während die herrschende Lehre auch hier die zwingende Natur annimmt. Die Untersuchung, ob die positiven Minderheitsrechte Sonderrechte i. S. des § 35 BGB sind, hat daher für die GmbH ganz konkrete Bedeutung.

3. Die Minderheitsrechte als Sonderrechte

Über den Begriff der Sonderrechte, dessen nähere Bestimmung der Gesetzgeber des BGB ausdrücklich der Wissenschaft und Praxis überlassen wollte[36], ist in der Vergangenheit ein heftiger Streit geführt worden. Diese Auseinandersetzung darf als überwunden angesehen werden, es besteht heute eine im wesentlichen übereinstimmende Meinung über den Begriff des Sonderrechts. Im folgenden seien daher aus der großen Zahl der Sonderrechtstheorien nur die wichtigsten angesprochen.

Die früher herrschende Lehre[37] verstand unter Sonderrechten alle unentziehbaren Mitgliedschaftsrechte, sei es, daß diese Rechte allen Mitgliedern in gleicher Weise, sei es, daß sie einzelnen vor anderen oder vor allen Gesellschaftern zustehen. Mit dieser Definition sollten die Sonderechte scharf gegen die der Herrschaft der Korporation unterliegenden Sozialrechte abgegrenzt werden. Aus diesem Bestreben heraus ist es zu erklären, daß zumindest für das Aktienrecht auch die Minderheitsrechte als Sonderrechte aufgefaßt wurden[38].

Die Bezeichnung aller unentziehbaren Rechte als Sonderrechte geht zurück auf O. v. Gierke, der aber das Wort „Sonderrechte“ in anderem Sinne gebrauchte. O. v. Gierke[39] versteht unter dem „Sonderrechtsverhältnis“ alle diejenigen Rechte und Pflichten, die sowohl der von der Korporation beherrschten Sozialsphäre der Mitglieder als auch der körperschaftsfreien Individualsphäre (Sondersphäre des einzelnen Gesellschafters) angehören. Neben dieses Sonderrechtsverhältnis stellt O. v. Gierke außerdem die einzelnen Vorrechte der Mitglieder.

Ist somit die „Theorie der allgemeinen Sonderrechte“ schon von der Wortwahl her zu kritisieren, so ist ihr weiter der Vorwurf zu machen, daß sie die Vorschrift des § 35 BGB zu einer reinen und sinnlosen Legaldefinition macht. Die Definition „Sonderrechte sind alle unentziehbaren Rechte“ ist lediglich eine Worterklärung des § 35 BGB, inhaltlich enthält sie keine Aussage.

Besondere Schwierigkeit bereitete den Anhängern der allgemeinen Sonderrechtstheorie die Abgrenzung von den der Herrschaft der Korporation unterworfenen Rechten. Auf die Frage, wo der Bereich der Körperschaft aufhören und der Bereich der unentziehbaren Sonderrechte anfangen solle, geben ihre

---

[36]) Motive I S. 109.

[37]) Staub-Pinner § 250 Anm. 9; Oertmann § 35 Anm. 4 a; Schlegelberger-Quassowski § 102 Anm. 4; Teichmann-Köhler § 102 Anm. 4 b; Horrwitz S. 33; Alexander S. 5.

[38]) K. Lehmann II S. 396; Staub-Pinner ebenda; Teichmann-Köhler a.a.O., Schlegelberger-Quassowski a.a.O., Filbinger S. 19.

[39]) O. v. Gierke S. 174 ff.

Vertreter die verschiedensten Antworten. K. Lehmann[40] bezeichnet alle diejenigen Rechte als Sonderrechte, die für den Durchschnittsgesellschafter von solcher Wichtigkeit sind, daß er ohne ihr Bestehen nicht in die Korporation eingetreten wäre (Theorie der Wichtigkeit). Maßstab für die Wichtigkeit soll danach die objektive Bedeutung des Rechts vom Standpunkt des einzelnen sein. Nach Oertmann[41] ist die Eigennützigkeit des Rechts entscheidend (Theorie der Selbstnützigkeit). Ein Sonderrecht liegt dann vor, wenn das Recht dem einzelnen Gesellschafter in seinem Interesse zur Verfolgung seiner eigenen Belange gegeben ist, im Unterschied zu den Rechten der Sozialsphäre, bei denen der Gesellschafter unmittelbar Gemeinschaftsbelange verfolgt. Staub[42] definiert Sonderrecht als das „Recht, dessen Verletzung den grundlegenden Sätzen des Aktienrechts, insbesondere dem Prinzip der Gleichberechtigung sowie dem Recht der Aktionäre auf Mitgenuß und Mitverwaltung widersprechen würde". Auf diese Definition nimmt Staub für die GmbH ausdrücklich Bezug[43].

Nach heute herrschender Lehre werden dagegen als Sonderrechte nur die satzungsmäßigen Vorrechte oder Vorzugsrechte eines Mitgliedes angesehen[44]. Diese Auffassung entspricht allein einer sinngemäßen Auslegung des § 35 BGB. Es kann nicht richtig sein, alle unentziehbaren Rechte des Mitgliedes der Korporation schlicht als Sonderrechte einzustufen. Es gibt unentziehbare Rechte auch neben diesen. Die Unentziehbarkeit kann auf den verschiedensten Motiven des Gesetzgebers beruhen, z. B. auf dem Schutz der Allgemeinheit oder der Gläubiger. Die verschiedenen der Herrschaft der Korporation entzogenen Rechte haben nicht eine gemeinsame Wurzel in der Entstehung oder ihrer Rechtsnatur.

Gegen diese Lehre von den Sonderrechten als Vorrechten und gegen die Sonderrechtslehren im allgemeinen haben sich neuerdings Würdinger und Mestmäcker ausgesprochen[45]. Sie halten die Aufgabe der Sonderrechtstheorien, eine für immer und alle Korporationen gültige Abgrenzung zwischen der Sphäre des Mitgliedes und des Verbandes zu finden, für gescheitert. Die Abgrenzung zwischen Individual- und Korporationsbereich könne sich nur aus der Zweckrichtung der einzelnen Körperschaft selbst ergeben. Die Aufgabe der Sonderrechtslehre würde demnach heute von den allgemeinen Rechtsgrundsätzen von Treu und Glauben, der Treupflicht, des Gebotes der gleichmäßigen Behandlung aller Mitglieder erfüllt.

Ob diese grundsätzliche Kritik an den Sonderrechtslehren berechtigt ist, kann dahingestellt bleiben. Übereinstimmung herrscht heute insoweit, daß die Minderheitsrechte der Mitglieder einer Korporation nicht dem Begriff der

---

[40]) K. Lehmann II S. 206.

[41]) Oertmann § 35 Anm. 4 a.

[42]) Staub, HGB, § 250, Anm. 8.

[43]) Staub, GmbHG, 1. Aufl. § 45 Anm. 11.

[44]) Enneccerus-Nipperdey § 112 IV 1, S. 675; Denecke in RGRK-BGB § 35 Anm. 1; Staudinger-Coing § 35 Anm. 5 f.; Würdinger, Kapitalges. S. 39; H. Lehmann S. 189; J. v. Gierke, Handelsrecht S. 333; Scholz § 14 Anm. 13; Baumbach-Hueck, GmbHG Überbl. v. § 13 Anm. 3 A.

[45]) Würdinger, Aktienrecht § 9 III S. 43; Mestmäcker S. 11.

Sonderrechte des § 35 BGB unterfallen, und daß die Sonderrechtslehren keine Aufschlüsse über die Rechtsnatur der Minderheitsrechte geben können[46].

4. Die Minderheitsrechte als Verwaltungsrechte

Die positiven Minderheitsrechte sind als Mitverwaltungsrechte anzusehen[47]. Durch sie hat die Minderheit die Möglichkeit, an der Verwaltung der Gesellschaft teilzunehmen und deren Geschicke mitzubestimmen.

Als Verwaltungsrechte sind die Minderheitsrechte weder dingliche Rechte noch bloße Forderungsrechte, sie sind eingeordnet in die in der Korporation herrschenden Über- und Unterordnungsverhältnisse und damit Personenrechte besonderer Art[48]. Das Recht auf Mitverwaltung des Minderheitsgesellschafters als allgemeines Mitgliedschaftsrecht richtet sich weder gegen die übrigen Gesellschafter noch gegen die Mehrheit der GV, sondern schlechthin gegen die Gesellschaft als juristische Verbandsperson.

5. Die Minderheitsrechte als Gruppenrechte

Für den Bereich des Aktienrechtes hat man die Minderheitsrechte auch als Gruppenrechte bezeichnet[49]. Gattungsrechte haben ihre gesetzliche Anerkennung im Bereich des Aktienrechtes zuerst in der Aktiennovelle von 1884 gefunden und sind sowohl in das HGB wie auch in das Aktiengesetz von 1937 übernommen worden, §§ 11, 117, 146 II AktG. Gattungsrechte sind danach Vorrechte, die einer bestimmten Gruppe von Aktionären, den Inhabern bestimmter Vorzugsaktien, eingeräumt sind. Eine Änderung des Verhältnisses mehrerer Gattungen von Aktien zum Nachteil einer Gruppe oder die Aufhebung oder Verminderung der Vorzüge ist nach §§ 146 bzw. 117 AktG durch einen Beschluß möglich, der zu seiner Wirksamkeit eines besonderen zustimmenden Beschlusses der berechtigten Aktionärsgruppe bedarf. Träger des Vorrechtes ist also hier nicht der Einzelaktionär, sondern die bevorrechtigte Gruppe insgesamt.

Dieses aktienrechtliche System ist nicht in das GmbHG übernommen worden. Kraft der weitgehenden Autonomie der Gesellschafter können jedoch einzelne oder mehrere Geschäftsanteile mit besonderen Vorrechten verbunden werden, wie z. B. höherem Gewinnanteil. Es handelt sich dann um sog. Vorzugsgeschäftsanteile[50]. Eine Analogie zu den im Aktienrecht getroffenen Einzelregelungen über die Gattungsrechte wird man nicht ziehen dürfen. Bei der Ausgestaltung der Gruppenrechte in der AG handelt es sich nicht um eine Folge des körperschaftlichen Aufbaues der AG, sondern um eine Ausgestaltung, die durch den Charakter der AG als Kapitalgesellschaft bedingt ist. Insoweit aber verbieten sich Analogieschlüsse aus dem oben gefundenen Wesen

---

[46]) Schilling in Hachenburg § 14 Anm. 18; Brodmann § 14 Anm. 3.
[47]) Schilling in Hachenburg § 14 Anm. 17; Baur S. 13 und Lendle S. 25 für die AG.
[48]) Lendle S. 25.
[49]) Brand § 250 Anm. 6.
[50]) Scholz § 14 Anm. 17; RG 167, 65.

der GmbH. Ähnliche den §§ 117, 146 AktG entsprechende Regelungen können für die GmbH im Gesellschaftsvertrag vereinbart werden, sie gelten aber bei Bestehen von Vorzugsgeschäftsanteilen nicht kraft gesetzlicher Vorschrift.

Aber auch bei Statuierung besonderer Gruppenrechte sind die Minderheitsrechte diesen nicht vergleichbar. Die Minderheitsrechte stehen nicht wie die Gattungsrechte einer fest bestimmten Gruppe von Mitgliedern, sondern schlechthin allen Gesellschaftern mit der Einschränkung zu, daß für ihre Geltendmachung jeweils besondere Voraussetzungen zu erfüllen sind.

6. Die Minderheitsrechte als subjektive Rechte

Fraglich ist, ob die Minderheitsrechte als subjektive Rechte des Mitglieds der GmbH anzusehen sind. Lendle[51] bejaht dies für das Aktienrecht vorbehaltlos. In Übereinstimmung mit der allgemeinen Definition, daß subjektive Rechte dann vorlägen, wenn dem Einzelnen zur Durchsetzung seiner rechtlich anerkannten Interessen von der Rechtsordnung die Rechtsmacht verliehen werde[52], begründet Lendle seine Auffassung damit, daß dem Minderheitsaktionär in dem Institut der Selbsthilfe bei dem Minderheitsrecht auf Einberufung der HV (entsprechend § 50 GmbHG für die GV) und durch die Anrufung des Gerichts in den anderen Fällen (entsprechend §§ 61, 66 GmbHG) die Mittel zur selbständigen Verwirklichung des ihm verliehenen Schutzes eingeräumt wären und so auf ein subjektives Recht des Minderheitsgesellschafters zu schließen wäre.

Diese Auffassung verkennt jedoch die Bezogenheit der Minderheitsrechte auf die Mitgliedschaft und den Einbau der Minderheitsrechte in die gesellschaftliche Willensbildung. Wie oben (S. 40f) ausgeführt ist, kommt der Minderheit bei Ausübung ihrer Rechte in den wesentlichsten Fällen die Stellung eines Gesellschaftsorgans zu. Der Wille der Minderheit wird unter den genau bestimmten gesetzlichen Voraussetzungen zum Willen der juristischen Person. Genausowenig, wie die Möglichkeit der Gesellschaftsmehrheit, der Majorität, den Willen der juristischen Person zu bilden, als subjektives Recht anzusprechen ist[53], kann dies für die gesetzlichen Voraussetzungen, unter denen ausnahmsweise die Minderheit hierzu berufen ist, gelten[54].

Die Begründung Lendles, daß der Minderheit selbständige Mittel zur Durchsetzung ihres Minderheitsbegehrens gegeben seien und deshalb auf ein subjektives Recht zu schließen ist, ist nicht stichhaltig. Soweit die Minderheit z. B. die Voraussetzungen des § 50 GmbHG (des Minderheitsrechts auf Einberufung der GV) erfüllt, also in gehöriger Weise das Verlangen zur Ein-

---

[51]) Lendle S. 22.

[52]) Enneccerus-Nipperdey § 72 I, S. 429 f.

[53]) Eine andere Frage ist, ob das e i n z e l n e Stimmrecht als subjektives Recht anzusehen ist.

[54]) Alexander S. 182 f.; Laband in Hirth's Annalen 1874 S. 1499 leugnet sogar das Bestehen von subjektiven Rechten innerhalb von Korporationen allgemein, weil die dem einzelnen Mitglied zustehenden Rechte ihm im Interesse der Korporation eingeräumt und deshalb lediglich Reflexe der Verfassung der juristischen Person seien.

berufung an den Geschäftsführer richtet, entsteht für diesen die Rechtspflicht, dem Verlangen zu entsprechen (S. 42). Insoweit entspricht die Auffassung von Lendle[55] der auch im GmbH-Recht herrschenden Lehre[56].

Zu fragen ist aber, wem gegenüber dem Geschäftsführer die Pflicht zur Einberufung obliegt.

Da das Handeln der Minderheit in diesem Fall Handeln eines Gesellschaftsorgans ist, das Minderheitsbegehren also als Wille der juristischen Person erscheint, kann dem Geschäftsführer nur der GmbH als juristischer Person gegenüber die Rechtspflicht zur Einberufung der GV obliegen. Allein an deren Willen ist der Geschäftsführer gebunden. Diese Auffassung wird durch das Gesetz bestätigt. Eine Verletzung der dem Geschäftsführer obliegenden Pflicht kann nicht zu einem Schadensersatzanspruch für die einzelnen Minderheitsgesellschafter, sondern allenfalls zu einer Schadensersatzpflicht des Geschäftsführers gegenüber der GmbH führen[57]. Das in § 50 III GmbHG vorgesehene Selbsthilferecht zur Einberufung der GV, falls der Geschäftsführer dem Verlangen der Minderheit nicht entspricht, ist daher keine Sanktion auf Grund eines Erfüllungsanspruches der Minderheit (denn dieser besteht nicht), sondern die Vornahme einer dem Gesellschaftsorgan „Geschäftsführer" obliegenden Maßnahme durch ein anderes Gesellschaftsorgan, die Minderheit, an dessen Stelle.

Ebenso ist die für die Ausübung der Minderheitsrechte des § 66 GmbHG (Bestellung und Abberufung von Liquidatoren) und des § 61 GmbHG (Klage zur Auflösung der Gesellschaft) auf Antrag bzw. Klage der Minderheit erfolgende Mitwirkung des Register- bzw. ordentlichen Gerichts zu verstehen. Wegen des bedeutenden Eingriffs in das gesellschaftliche Leben ist eine gerichtliche Prüfung der Voraussetzungen des Minderheitsbegehrens und ein rechtsgestaltender staatlicher Akt vorgeschrieben; eine Tatsache, die sich außer im Recht der GmbH, AG und Genossenschaft auch bei den Personengesellschaften im engeren Sinne findet (z. B. für die OHG in den §§ 117 HGB (Entziehung der Geschäftsführungsbefugnis), 127 HGB (Entziehung der Vertretungsmacht), 133 HGB (Auflösung der Gesellschaft), 140 HGB (Ausschließung eines Gesellschafters), 142 HGB (Übernahme durch einen Gesellschafter), 146, 147 HGB (Bestellung und Abberufung von Liquidatoren).

Auf ein subjektives Recht der Minderheit kann aus diesen Vorschriften nicht geschlossen werden[58].

7. Die Kostentragung durch die Minderheit

In allen Fällen der Geltendmachung von Minderheitsrechten ist die Minderheit mit einem Kostenrisiko belastet. Erhebt die Minderheit Klage gem.

---

[55]) Lendle S. 23.

[56]) Schmidt in Hachenburg § 50 Anm. 7, 16; Scholz § 50 Anm. 2; Hueck GmbHG § 50 Anm. 2 B.

[57]) Schmidt in Hachenburg § 50 Anm. 8; Scholz § 50 Anm. 2; Vogel § 50 Anm. 2; Hueck GmbHG § 50 Anm. 2 B.

[58]) Alexander S. 182.

§ 61 GmbHG oder stellt sie einen Antrag nach § 66 GmbHG, so hat sie im Falle des Unterliegens die Kosten des Rechtsstreits zu tragen. Anders und für die Minderheit ungünstiger ist die Regelung des § 50 III GmbHG bei dem Minderheitsrecht auf Einberufung der GV. Hier entscheidet die GV mit Mehrheit selbst, wer die Kosten der außerordentlichen GV zu tragen hat[59].

Aber nicht nur diese Verbindlichkeiten kraft Gesetzes können die Minderheit treffen. Ist die Minderheit z. B. nach erfolglosem Verlangen einer Einberufung der GV gewillt, das ihr nach § 50 III GmbHG zustehende Einberufungsrecht geltend zu machen, so hat sie die übrigen Gesellschafter mittels eingeschriebenen Briefes, § 52 I GmbHG, einzuladen. Die Minderheit hat je nach den Erfordernissen des Einzelfalles die Vorbereitungen für die Versammlung zu treffen, z. B. einen geeigneten Raum zu mieten, einen Notar für die Beurkundung von Beschlüssen zu bestellen, Diskussionsunterlagen zu vervielfältigen u. a. m.

Aus der Kostentragung durch die Minderheit können sich vielfältige Haftungsprobleme ergeben. Beschließt die Versammlung, daß die GmbH die Kosten der GV zu tragen hat, § 50 III 2 GmbHG, so steht der Minderheit, falls sie bereits Zahlungen geleistet hat, ein Ersatzanspruch gegen die Gesellschaft zu. Hat dagegen die Minderheit endgültig die Kosten zu tragen, erhebt sich die Frage, in welchem Verhältnis die von der Minderheit zu tragenden Kosten auf die einzelnen beteiligten Minderheitsgesellschafter aufzuteilen sind, bzw. in welcher Weise die einzelnen Gesellschafter zur Erfüllung der eingegangenen Verbindlichkeiten herangezogen werden können. Denkbar ist auch, daß die Kosten zunächst von der Gesellschaft übernommen worden sind, der dann bei einem dementsprechenden Beschluß der GV ein Ersatzanspruch gegen die Minderheit zustehen würde.

Ähnliche Probleme stellen sich bei der Kostentragung der Minderheit in den Fällen der §§ 61, 66 GmbHG.

Die Antwort auf die Frage nach der Haftung der Minderheitsgesellschafter versuchen Makower[60] und Lendle[61] aus dem Innenverhältnis zu geben. Lendle sieht die Minderheit als eine Gesamthandsgemeinschaft personenrechtlicher Art an, während Makower aus der Zusammenfassung aller unter der gemeinsamen Bezeichnung ‚Minderheit' eine gesamtschuldnerische Haftung ähnlich der bei der Personengesellschaft entnehmen will.

Dieser Auffassung kann nicht gefolgt werden. Die Zusammenfassung mehrerer Gesellschafter in der Minderheit kann nur dann als BGB-Gesellschaft aufgefaßt werden, wenn sich die Minderheitsgesellschafter „gegenseitig verpflichtet haben, die Verwirklichung eines gemeinsamen Zwecks in der durch den Vertrag bestimmten Weise in persönlichem Zusammenwirken durch Beitragsleistung zu fördern"[62].

Eine Verpflichtung zur gemeinsamen Zweckverfolgung wird in der Regel nicht gegeben sein. Diese kann in dem Entschluß mehrerer Gesellschafter, ein

---

59) S. unten S. 63 f.
60) Makower § 296 HGB Anm. V.
61) Lendle S. 30 f.
62) Staudinger-Keßler § 705 BGB Anm. 1.

bestimmtes ihnen zustehendes Minderheitsrecht geltend zu machen, ebensowenig gesehen werden, wie etwa in der Abrede mehrerer Gesellschafter, für oder gegen einen bestimmten Antrag in der GV zu stimmen.

Es sind zwar Fälle denkbar, wo der Zusammenschluß mehrerer Gesellschafter zu einer Minderheit eine derartige Intensität annehmen kann, etwa wenn ein nur unzureichend beteiligter Gesellschafter versucht, andere Gesellschafter zu einem gemeinsamen Vorgehen zu gewinnen und ein gemeinsames Handeln vereinbart wird, im Normalfall aber ist diese Absicht nicht gegeben.

Die Lösung der Haftungsfragen kann sich somit nur, da das GmbHG keine Spezialvorschriften enthält, aus den allgemeinen Bestimmungen des BGB ergeben.

In allen Fällen der Haftung für vertragliche Verbindlichkeiten, die durch die Minderheitsgesellschafter eingegangen wurden, haften die an der Minderheit Beteiligten gem. § 427 BGB als Gesamtschuldner. Steht der Minderheit auf Grund eines die Kosten der Versammlung auf die Gesellschaft abwälzenden Beschlusses der GV ein Ersatzanspruch gegen die GmbH zu, so kann auf seiten der Minderheit nur eine Teilgläubigerschaft gem. § 420 BGB vorliegen. Die ohne Begründung vorgebrachte Auffassung von Scholz, daß die Minderheitsgesellschafter als Gesamtgläubiger nach § 428 BGB hinsichtlich dieser Forderung anzusehen seien, also jeder Minderheitsgesellschafter die ganze Leistung zu verlangen berechtigt ist, die Gesellschaft aber nur einmal zu leisten hat[63], findet weder in dem Innenverhältnis der Minderheit noch im Gesetz eine Stütze.

Umstritten ist die Frage, in welcher Weise die Minderheitsgesellschafter für den Ersatzanspruch der Gesellschaft einzutreten haben, wenn der Minderheit die Kosten der Versammlung auferlegt werden, die der Gesellschaft entstanden sind. Die Auseinandersetzung in der Literatur beschränkt sich dabei auf die aktienrechtliche Minderheit, die nicht nur im Fall des dem § 50 GmbHG vergleichbaren Minderheitsrechts der Einberufung der Hauptversammlung, § 106 V AktG, sondern auch bei den Minderheitsrechten auf Sonderprüfung, § 121 IV AktG und der Geltendmachung von Ersatzansprüchen, § 123 IV AktG, zur Tragung der Kosten der AG verpflichtet ist oder durch Beschluß der Hauptversammlung verpflichtet werden kann.

Makower[64], Düringer-Hachenburg-Lehmann[65] und Schlegelberger-Quassowski[66] halten eine gesamtschuldnerische Haftung der Minderheitsgesellschafter für gegeben, während die herrschende Lehre[67] eine anteilige Haftung, und zwar anteilig nach dem Verhältnis des Aktienbesitzes der Minderheitsaktionäre annehmen will.

[63]) Scholz § 50 Anm. 8.
[64]) Makower § 269 HGB Anm. V.
[65]) Düringer-Hachenburg-Lehmann § 254 HGB Anm. 11.
[66]) Schlegelberger-Quassowski § 106 Anm. 7.
[67]) Staub-Pinner 9 .Aufl. § 269 HGB Anm. 5; Brand § 269 HGB Anm. 3 c; Brodmann AktR § 269 HGB Anm. 5; Ritter § 123 Anm. 4, 5; Schmidt-Meyer-Landrut in Großkommentar zum AktG § 106 Anm. 19; Godin-Wilhelmi § 123 Anm. 4 und Baumbach-Hueck AktG § 123 Anm. 5.

Da es sich nicht um eine kontraktliche Verbindlichkeit handelt, scheidet die Bestimmung des § 427 BGB aus. Es kann daher, da der Ersatzanspruch der Gesellschaft auf Geld gerichtet ist und eine Geldleistung immer eine teilbare Leistung ist[68], gemäß dem Grundsatz des § 420 BGB nur eine anteilige Haftung der Minderheitsgesellschafter in Betracht kommen. Es liegt weder ein gemeinsamer Verpflichtungsgrund vor, noch ordnet eine besondere gesetzliche Bestimmung hier die gesamtschuldnerische Haftung an. Insoweit ist also der im Aktienrecht herrschenden Lehre auch für die GmbH-Minderheit zu folgen.

Ebenso wie im Aktienrecht ist dabei der Anteil der Haftung nicht gemäß der Auslegungsregel des § 420 BGB nach Köpfen zu bemessen, sondern nach dem Verhältnis der Höhe der Geschäftsanteile der einzelnen Gesellschafter. Die Beteiligung an dem Stammkapital der GmbH stellt zumindest für die Minderheitsrechte den Maßstab für die Einflußmöglichkeit der Gesellschafter auf die Gesellschaft dar.

Für die von der Minderheit zu tragenden Prozeßkosten bei Abweisung einer Auflösungsklage gem. § 61 GmbHG besteht nach § 100 I ZPO für die Minderheitsgesellschafter eine Haftung nach Kopfteilen. Wird ein von der Minderheit gestellter Antrag gem. § 66 II GmbHG auf Bestellung oder Abberufung von Liquidatoren vom Gericht zurückgewiesen, so tritt gem. § 5 I KostO eine gesamtschuldnerische Haftung der Minderheitsgesellschafter ein.

In diesem Fall ist die Frage des Ausgleiches zwischen den Minderheitsgesellschaftern zu klären. Auch hier wird entsprechend der Auffassung im Aktienrecht[69] entgegen der Auslegungsregel des § 426 BGB ein Ausgleich nach dem Verhältnis der Höhe der Geschäftsanteile vorzunehmen sein.

8. Die negativen Minderheitsrechte

Bei den positiven Minderheitsrechten ist der Minderheit das Recht zum aktiven Vorgehen gegen den Willen der Mehrheit bzw. der Verwaltung der Gesellschaft eingeräumt, bei den sogenannten negativen Minderheitsrechten dagegen ist die Minderheit auf die Versagung ihrer Zustimmung beschränkt. Die Macht, die der Minderheit gegeben ist, beschränkt sich auf die Verhinderung einer von der Mehrheit geplanten und gewünschten Maßnahme[70]

Bei den negativen Minderheitsrechten handelt es sich nicht um ‚Rechte', auch nicht um Rechte im Sinne von Verwaltungsrechten des Mitglieds einer Korporation[71]. Die Möglichkeit für die ausreichend beteiligten Minderheitsgesellschafter als Sperrminorität zu wirken, beruht allein auf den durch Gesetz oder Satzung vorgeschriebenen erhöhten Mehrheitserfordernissen für einen bestimmten Beschluß. Die Bezeichnung dieser Möglichkeit als Minderheits-r e c h t e ist daher ungenau, wenn auch allgemein gebräuchlich.

---

68) RG 67, 261; 75, 310.

69) Ritter § 123 Anm. 4 für den Fall der Sicherheitsleistung durch die Minderheit; Schlegelberger-Quassowski § 106 Anm. 7.

70) Winkler-Krämer S. 51.

71) Lendle S. 44.

Die negativen Minderheitsrechte wurzeln im Stimmrecht, sie sind eine Folge des Grundsatzes, daß jeder Gesellschafter seine Stimme bzw. Stimmen in der GV nach seinem Gutdünken abgeben kann. Die Verknüpfung der negativen Minderheitsrechte mit dem Stimmrecht führt zur abdingbaren Natur dieser Rechte. Zwar ist bei den die Grundlagen der Gesellschaft betreffenden Beschlüssen durch Gesetz eine zwingende Mehrheit von $^3/_4$ der abgegebenen Stimmen vorgesehen (z. B. §§ 53, 60 Nr. 2 GmbHG). Wie oben (S. 7) ausgeführt ist, kann der Gesellschaftsvertrag die Verteilung der Stimmen gem. § 45 GmbHG in beliebiger Weise vornehmen. Die Bestimmung des § 47 GmbHG, wonach die Stimmenanzahl mit der Kapitalbeteiligung verbunden ist, ist dispositiv.

III. Der Zweck und die Rechtfertigung der Minderheitsrechte als Reformproblem

1. Die Funktionen der Minderheitsrechte

Den Minderheitsrechten können innerhalb der gesellschaftlichen Struktur drei Funktionen zugerechnet werden. Das Bestehen der Minderheitsrechte und die Zubilligung von gesellschaftsrechtlichen Befugnissen an die Minderheit soll in erster Linie die Mehrheit der Gesellschafter und damit zugleich auch die Verwaltung der GmbH daran hindern, in einer der Gesellschaft nachteiligen Weise von ihrer Macht Gebrauch zu machen[72]. Die Rechtsordnung gibt in einzelnen Fällen der Minderheit eigene Rechte, weil beim Widerstreit der Interessen der Mehrheitsgesellschafter mit denen der Gesellschaft die Belange der letzteren von dieser besser gewahrt werden können. Zum Ausdruck kommt dieser gesetzliche Schutzgedanke insbesondere in der Organstellung der Minderheit, wo diese die Gesellschaft vertritt[73].

In zweiter Linie dienen die Minderheitsrechte unmittelbar dem Schutz der Minderheit selbst. Einmal kommt jeder Schutz der Gesellschaft als solcher gegen die unbeschränkte Herrschaft der Mehrheit auch der Minderheit als einer Anzahl von Gesellschaftsmitgliedern zugute, zum anderen gibt es Minderheitsrechte, die nur dem Schutz der Minderheit dienen, so das Minderheitsrecht des § 61 GmbHG und in vielfältiger Weise die negativen Minderheitsrechte[74].

Noch eine weitere und vielfach übersehene Zweckrichtung verfolgen die Minderheitsrechte: den Schutz der Gesellschaft gegenüber dem einzelnen Gesellschafter. Liegt bei dem Schutz der Minderheit der Nachdruck auf den *Rechten* der Minderheit, so ist hier bedeutsam, daß es sich um *Minderheits*rechte handelt. Nicht jedem einzelnen Gesellschafter soll eine Mit-

[72]) Feine S. 512; — R. Fischer S. 200 für die AG.

[73]) Im Aktienrecht ist die organschaftliche Betätigung der Minderheit noch weit ausgeprägter; man denke z. B. an die Erzwingung der Geltendmachung von Ersatzansprüchen durch die Minderheit, §§ 122—124 AktG und an die Durchführung von Sonderprüfungen, § 118 AktG.

[74]) Römer Notartag S. 65.

wirkungsbefugnis gegeben sein, sondern nur solchen, die einen gewissen Anteil am Stammkapital erreichen. Diese Schutzfunktion der Minderheitsrechte betont Brodmann, wenn er ausführt, daß § 50 GmbHG „nicht Vermehrung der Rechte einer Minderheit, sondern eine Abschwächung der Rechte des einzelnen" zum Inhalt habe[75]. Der Schutz vor dem eigennützigen Willen des einzelnen Gesellschafters durch die Minderheitsrechte wird deutlich in der amtlichen Begründung zum GmbHG, die ausführt, die bezeichneten Rechte sollten nicht jedem Gesellschafter zustehen, es sei vielmehr die Konstruktion eines Minderheitsrechtes vorzuziehen[76].

Erst aus diesen drei Funktionen ergibt sich die Rechtfertigung der Minderheitsrechte. Zum Schutz gegen die Übergriffe der Gesellschaftermehrheit, sei das Schutzobjekt die Gesellschaft als solche oder die Minderheit, bedarf es nicht der Schaffung von Minderheitsrechten. Diese Funktion würde in der gleichen Weise auch erfüllt werden, wenn die betreffenden Rechte nicht einer Minderheit resp. einem Gesellschafter mit genügend hohem Anteil, sondern jedem Gesellschafter als Mitglied der Gesellschaft eingeräumt würden. Erst der Schutz gegen den uneinsichtigen und eigensüchtigen Einzelgesellschafter, dessen Willen gegenüber dem Gemeinwillen zurücktreten soll, macht die Beschränkung der betreffenden Rechte, die Verknüpfung mit bestimmten Voraussetzungen erklärlich.

Neben dieser rein gesellschaftsrechtlichen Betrachtung der Minderheitsrechte und der Ableitung ihrer Funktionen aus dem gesellschaftsrechtlichen Spannungsfeld, werden neuerdings — bisher allerdings wohl beschränkt auf das Aktienrecht — außergesellschaftsrechtliche Gesichtspunkte zur Motivierung der Minderheitsrechte herangezogen. Der Schutz der Minderheit und die Schaffung von Minderheitsrechten werden als gesellschafts- und sozialpolitisches Programm empfunden[77]. Deutlich wird dies besonders in der Rede des damaligen Bundesjustizministers Stammberger in der Diskussion der Aktienrechtsreform der Friedrich-Ebert-Stiftung[78]. Stammberger bezeichnet den „Minderheitenschutz" als eine der drei Leitlinien der Aktienrechtsreform. Eine Verstärkung der Minderheitsrechte sei geboten, weil aus gesellschaftspolitischen Gründen die große Masse der Bevölkerung an das Aktienwesen heranzuführen und hierfür die Verstärkung des Minderheitenschutzes ein Anreiz sei[79]. In gleichem Sinne äußern sich Neubert[80] und C. E. Fischer[81]. Letzterer fordert „Grundrechte" für die Minderheit, weil aus sozialen Gründen eine breite Eigentumsstreuung auch in Form von Aktien zur Schaffung eines Ausgleichs der sozialen Spannungen nötig sei[82].

[75]) Brodmann § 50 Anm. 5 u. außerdem § 14 Anm. 3; Klausing, Reform S. 270 für die AG.
[76]) Amtl. Bgrdg. zum GmbHG S. 100, 111.
[77]) So insbes. die Amtl. Begrdg. zum RegEntw. zum AktG, S. 94 f.
[78]) Stammberger in Zur gr. Aktienrechtsreform S .13.
[79]) Ebenda S .15.
[80]) Neubert DB 58, 703.
[81]) Fischer DB 57, 1263.
[82]) Ähnl. Höpp AG 63, 7 f.

Diese Bestrebungen, sozialpolitische Wünsche durch das Gesellschaftsrecht zu befriedigen und als Folge davon eine „Demokratisierung" des Gesellschaftsrechts nach dem Vorbild des Staatsrechts („Grundrechte für die Minderheit") sind auf heftige Kritik gestoßen[83]. Sind sie schon für die AG nicht ohne tiefgreifende Bedenken anzuerkennen, so sind sie für die GmbH entschieden abzulehnen. Die GmbH ist keine Publikumsgesellschaft, sie ist weder dazu geschaffen noch dazu geeignet, Kapital aus dem Markt aufzunehmen, noch Eigentum in volkswirtschaftlich weite Kreise zu vermitteln. Ein Versuch, die GmbH in dieser Weise zu benützen, würde ihrem rechtlichen Wesen und ihrer wirtschaftlichen Gestalt Gewalt antun.

Die Minderheitsrechte in der GmbH sind dazu bestimmt, auf das Spannungsverhältnis, das zwischen Minderheit—Mehrheit und zwischen Mehrheit und dem einzelnen Gesellschafter besteht, einzuwirken[84], nicht aber um soziale Vorstellungen zu verwirklichen.

2. Die Rechtfertigung der Minderheitsrechte in der Reform

Für die GmbH-Reform ist zu prüfen, ob die geschilderten Schutzfunktionen der Minderheitsrechte auch in einem neuen GmbHG zu erfüllen sind, d. h. ob grundsätzlich (abgesehen von der Einzelausgestaltung der Minderheitsrechte) überhaupt ein Bedürfnis nach Minderheitsrechten besteht.

Die Aufgabe der Minderheitsrechte, die Gesellschaft als solche und die Minderheit vor einer Schädigung durch die Mehrheit zu schützen, muß überall dort erfüllt werden, wo in einer Gemeinschaft das Mehrheitsprinzip herrscht. Das Bedürfnis nach Schutz gegen Machtmißbrauch der Mehrheit ist untrennbar verbunden mit der körperschaftlichen Struktur. Immer dann, wenn die Geschicke der Gesellschaft grundsätzlich von der Mehrheit bestimmt und gelenkt werden, ergibt sich das Problem der Überwachung und Einschränkung der Mehrheitsmacht. Nach den Ausführungen zur Rechtsnatur der GmbH (S. 26f) erscheint die körperschaftliche Struktur der GmbH als der Preis der beschränkten Haftung. Da diese das Essentiale der GmbH ist und hier keine Änderungen vorzunehmen sind, ist ein Bedürfnis für den Schutz gegen die Mehrheit, und zwar für beide Schutzobjekte, die Gesellschaft als solche und die Minderheit vorbehaltlos zu bejahen.

Zweifelhaft ist aber, ob die weitere Funktion der Minderheitsrechte, Schutz gegen den einzelnen Gesellschafter, für ein neues Gesetz aufrechtzuerhalten ist. Zunächst sind die positiven Minderheitsrechte zu betrachten, die als eingeschränkte Individualrechte zu bezeichnen waren. Bei der Schaffung dieser Minderheitsrechte ging der Gesetzgeber von einer falschen Vorstellung über die personelle Größe der GmbH aus. Wie die statistische Untersuchung (S. 17f) gezeigt hat, ist die GmbH überwiegend eine Gesellschaftsform mit nur einer ganz geringen Anzahl von Gesellschaftern. Die Absicht des Gesetz-

[83]) Vgl. insbes. Mestmäcker S. 11.
[84]) Römer Notartag S. 65.

gebers, die Gesellschaft vor Eingriffen der einzelnen Gesellschafter zu schützen, die aus dem Aktienrecht übernommen wurde, ist durch die tatsächliche Entwicklung der GmbH gegenstandslos geworden.

In der Praxis dürften die formellen Voraussetzungen zur Geltendmachung der positiven Minderheitsrechte meist für jeden einzelnen Gesellschafter gegeben sein. Angesichts der geringen Anzahl der Gesellschafter bei den GmbH ist ein Bedürfnis zur Einschränkung der Individualrechte als Schutz gegen Eingriffe durch den einzelnen Gesellschafter nicht gegeben[85].

Die Verknüpfung der Minderheitsrechte mit einem Anteil am Kapital der Gesellschaft entspricht nicht der immer mehr betonten personellen Verbundenheit der Gesellschafter untereinander. Bei der GmbH als Personalkörperschaft ist nicht die Kapitaleinlage das allein Entscheidende und allein Wesentliche; der Einsatz der persönlichen Mittel, wie Mitarbeit, Tatkraft der Gesellschafter, haben ein stärkeres Gewicht bekommen, als bei der Schaffung des Gesetzes vorausgesehen wurde. Die Minderheitsrechte sollten daher auch aus diesem Grunde jedem Gesellschafter ohne Rücksicht auf seine kapitalmäßige Beteiligung als Mitglied der GmbH zugebilligt werden[86].

Als grundsätzliche Reformaufgabe ist die Umgestaltung der bisherigen positiven Minderheitsrechte in Individualrechte jedes Mitgliedes in Erwägung zu ziehen. Neue positive Minderheitsrechte sollten nicht geschaffen werden, es sollte dagegen vielmehr die Stellung des Einzelmitgliedes in der GmbH durch Schaffung von Individualrechten verstärkt werden.

Eine Ausgestaltung in dieser Richtung sieht bereits der Entwurf des Reichsjustizministeriums von 1940 vor. Der Entwurf hält in den §§ 138, 143 an der Möglichkeit der Auflösungsklage und des Antrages auf Abwicklerbestellung bzw. Abberufung entsprechend den heutigen §§ 61 und 66 GmbHG fest. Entgegen der jetzigen Regelung aber billigt der Entwurf diese Rechte jedem Gesellschafter zu. Als Begründung wird die personelle Verbundenheit der Gesellschafter angeführt[87]. Bei der Schaffung neuer Rechte für die Gesellschafter ist der Entwurf wenigstens teilweise den gleichen Weg gegangen. Nach § 77 Entw. GmbHG 1940 steht jedem Gesellschafter ein Auskunfts-

---

[85]) Eine Tendenz der Umgestaltung der Minderheitsrechte zu Individualrechten kommt im RegEntw. zum AktG zum Ausdruck. Entgegen der Regelung des AktG von 1937, wo zur Geltendmachung von Minderheitsrechten eine feste prozentuale Quote des Grundkapitals erforderlich ist (5, 10 oder 20%), sollen die im neuen AktG ausgestalteten Minderheitsrechte auch bereits Aktionären zustehen, deren Anteile zusammen mindestens den Nennbetrag von 2 bzw. 1 Mill. DM erreichen (2 Mill.: §§ 90 IV, 100 II, 135 II u. III, 140 I, 151 II RegEntw. zum AktG; 1 Mill. DM: §§ 249 II, 254 III RegEntw. zum AktG). Durch diese Vorschriften soll erreicht werden, daß auch bei großen AG, wo sich die zur Erreichung der Quote erforderliche Zahl von Aktionären nur schwer zusammenfinden wird, die Ausübung der Minderheitsrechte ermöglicht wird (Amtl. Begrdg. RegEntw. zum AktG, S. 95). Praktisch bedeutet diese Regelung eine Herabsetzung der Kapitalquote je nach Kapitalgröße der AG. Das Minderheitsrecht nähert sich dabei dem Individualrecht.

[86]) Flume S. 16, hält die Verknüpfung von Mitgliedsrechten mit einem prozentualen Anteilsbesitz auch für die AG für problematisch und fordert deren Beseitigung.

[87]) Amtl. Begrdg. Entw. GmbHG v. 1940 S. 86 u. S. 92.

und Einsichtsrecht zu, nach §§ 79 ff. ist jedem Gesellschafter das Recht gegeben, eine Sonderprüfung zu verlangen. Lediglich das Einberufungsrecht des § 50 GmbHG ist in den Entwurf als Minderheitsrecht übernommen worden. Daneben ist als neues Minderheitsrecht das Recht (Voraussetzung: Anteile von 10 % des Stammkapitals) auf Geltendmachung von Ersatzansprüchen, § 84 und auf Verhinderung des Verzichts auf diese durch die Gesellschaft, § 27, geschaffen worden.

Anders als bei den positiven Minderheitsrechten ist die Rechtslage bei den negativen Minderheitsrechten. Diese sind zu kennzeichnen als Zustimmungsvoraussetzung durch die Minderheit. Negative Minderheitsrechte sind Ausfluß des Mehrheitsprinzips bei der Beschlußfassung. Die Ausgestaltung der negativen Minderheitsrechte ist die notwendige Folge des körperschaftlichen Aufbaus. Wollte man jedem einzelnen Gesellschafter ein Widerspruchsrecht dort zubilligen, wo heute eine qualifizierte Mehrheit erforderlich ist, so würde das eine Umwandlung der GmbH zur Individualgesellschaft bedeuten.

D. DIE EINZELNEN POSITIVEN MINDERHEITSRECHTE UND IHRE UMGESTALTUNG

I. Die Minderheitsrechte des GmbHG

1. Das Einberufungs- und Ankündigungsrecht des § 50 GmbH

a) Inhalt und Bedeutung

Das Minderheitsrecht des § 50 GmbHG ist ein Rechtsbehelf, der in ähnlicher Form in allen Korporationen vorgesehen ist. Es ist statuiert für die AG, § 106 AktG, für die Genossenschaft, § 45 GenG, und für den Verein, § 37 BGB. § 50 GmbHG gewährt einer Minderheit, deren Geschäftsanteile den zehnten Teil des Stammkapitals erreichen, das Recht, die Einberufung der GV oder die Ankündigung von besonderen Tagesordnungspunkten zu verlangen. Wird diesem Begehren von dem Einberufungsorgan nicht entsprochen, so hat die Minderheit das Recht, die Einberufung der GV bzw. die Ankündigung der Tagesordnungspunkte selbst zu bewirken (Selbsthilferecht).

Die praktische Bedeutung des Einberufungs- und Ankündigungsrechts wird verschieden beurteilt. Während Winkler-Krämer, Mainzer, Baur, Rehfeldt das entsprechende Recht der Aktionärsminderheit als die Grundlage und Voraussetzung aller anderen Rechte des Mitgliedes der Korporation bezeichnen[1], hält Pinzger[2] die Bedeutung für nur gering. Die Minderheit hat nach § 50 GmbHG nicht das Recht, eine Beschlußfassung in dem von ihr gewünschten Sinne zu verlangen. Das Recht der Minderheit beschränkt sich darauf, einen bestimmten Gegenstand der GV zu unterbreiten. Richtiger Ansicht nach hat die Minderheit nicht einmal das Recht auf eine materielle Entscheidung der GV[3]. Die GV kann durch einfachen Mehrheitsbeschluß die Versammlung vertagen bzw. den betr. Tagesordnungspunkt von der Tagesordnung absetzen. Bei einer solchen, nur formellen Erledigung des Begehrens der Minderheit ist aber der Minderheit auf jeden Fall die ausreichende Gelegenheit zur Begründung und Diskussion ihres Antrages zu geben[4].

Die Bedeutung des Minderheitsrechts des § 50 GmbHG liegt somit mehr auf psychologischem Gebiet. Die Minderheit kann einzelne Vorfälle zur Be-

[1]) Winkler-Krämer S. 5; Mainzer S. 79; Baur S. 21; Rehfeldt S. 21.
[2]) Pinzger § 50 Anm. 1.
[3]) Feine S. 536; Scholz § 50 Anm. 7; Vogel § 50 Anm. 4; Rückersberg HansRGZ 1940 Abt. A Sp. 210.
[4]) Schmidt in Hachenburg § 50 Anm. 10.

schlußfassung bringen und versuchen, die Mehrheit für sich zu gewinnen. Sie kann die Geschäftsführung und die Mehrheitsgesellschafter zur Rechtfertigung ihres Vorgehens veranlassen. Oft wird auch die Einberufung einer GV durch die Minderheit zur Ankündigung oder Androhung der Geltendmachung der weiteren Minderheitsrechte führen.

b) Der Rechtscharakter des § 50 GmbHG

Lebhaft umstritten ist die Frage, ob § 50 GmbHG zwingendes Recht enthält oder ob das Minderheitsrecht des § 50 durch Mehrheitsbeschluß abgeändert werden kann.

Eindeutig ist insoweit der Wortlaut des Gesetzes: Gem. § 45 II GmbHG gelten die §§ 46—51 nur in Ermangelung besonderer Bestimmungen des Gesellschaftsvertrages. § 45 I GmbHG bestimmt ausdrücklich, daß sich die Rechte der Gesellschafter, die ihnen in Angelegenheiten der Gesellschaft zustehen, nach dem Gesellschaftsvertrag bestimmen, wenn nicht besondere gesetzliche Vorschriften entgegenstehen. Die Absicht des Gesetzgebers, die §§ 46—51 GmbHG nur als dispositives Recht vorzusehen, ergibt sich auch aus der amtlichen Begründung zum GmbHG: „Die Bestimmungen" (betreffend die Rechte der Gesellschafter in Gesellschaftsangelegenheiten sowie deren Ausübung) „sind, wie der an die Spitze gestellte § 46" (jetzt § 45) „zum Ausdruck bringt, nur dispositiver Natur; in erster Linie entscheidet der Inhalt des Gesellschaftsvertrages"[5]. In dieser Stellungnahme des Gesetzgebers kommt der Grundsatz zum Ausdruck, das Recht der GmbH, soweit es sich um das Innenverhältnis handelt und keine öffentlichen Interessen in Frage stehen, dispositiv zu gestalten.

Aus dem Wortlaut des § 45 II GmbHG wird übereinstimmend in der Literatur gefolgert, daß das Minderheitsrecht des § 50 auf jeden Fall dispositiv ist in Richtung einer Verstärkung des Rechts, d. h., daß also die Voraussetzungen der Einberufung (Ankündigung) erleichtert werden können (also z. B. Zubilligung des Rechts schon bei einem Anteil von 5 % am Stammkapital)[6].

Umstritten ist, ob § 50 GmbHG auch in Richtung einer Abschwächung des Rechts durch Verschärfung der Voraussetzungen (z. B. Geltendmachung erst bei einem Anteil von 30 % des Stammkapitals) abänderbar ist und ob schließlich das Recht des § 50 durch den Gesellschaftsvertrag gänzlich beseitigt werden kann. Hueck, Brodmann, Fischer und Feine halten eine Aufhebung des § 50 und eine Verschärfung durch den Gesellschaftsvertrag schlechthin für unzulässig[7]. Schmidt, Scholz und Ruth wollen eine Abänderung des § 50 in diesem Sinne nur durch den Gründungsgesellschaftsvertrag oder durch eine einstimmige, nachträgliche Satzungsänderung zulassen[8]. Vogel, Liebmann-

---

[5]) Amtl. Begr. zum GmbHG, S. 96.

[6]) Vgl. Schmidt in Hachenburg § 50 Anm. 17; Scholz § 50 Anm. V; Vogel § 50 Anm. 1; Baumbach-Hueck GmbHG § 50 Anm. 1 B; Feine S. 514.

[7]) Baumbach-Hueck GmbHG § 50 Anm. 1 B; Brodmann § 50 Anm. 5; Scholz-Fischer § 50 Anm. 2; Feine S. 514.

[8]) Schmidt in Hachenburg § 50 Anm. 17; Scholz § 50 Anm. 5; Ruth JW 33, 2104.

Saenger, Rückersberg und die Rechtsprechung endlich bejahen eine Abänderung des § 50 in Form der Verschärfung und eine völlige Aufhebung des Rechts auch durch nachträgliche Satzungsänderung gem. § 53 GmbHG mit einer Dreiviertelmehrheit[9].

Die Vertreter der völligen oder teilweisen Unabänderlichkeit des § 50 argumentieren, daß § 45 II GmbHG hier keine Anwendung finden könne, weil sich aus dem Wesen des Minderheitsrechts seine Unentziehbarkeit ergebe[10]. Hueck führt aus, daß der „Minderheitsschutz im Geiste der neueren Rechtsprechung liege, die der Vergewaltigung des Schwachen durch den Kapitalstarken überall entgegentrete" und will ‚deshalb' die zwingende Natur des § 50 GmbHG annehmen[11]. Dieser Auffassung kann nicht gefolgt werden. Wie oben (S. 46 f) ausgeführt, ergibt sich aus der Rechtsnatur der Minderheitsrechte weder die zwingende, noch die dispositive Natur. Es kommt entscheidend auf die Ausgestaltung in den einzelnen Gesetzen an. Auch die Begründung von Hueck vermag nicht eine Entscheidung contra legem zu rechtfertigen. Die von ihm berufene Tendenz der Rechtsprechung zum Schutz der Minderheit hat ihre Ausgestaltung im wesentlichen auf dem Gebiet des Aktienrechts gefunden. Im Recht der GmbH gilt der Grundsatz der Gestaltungsfreiheit, der nicht ohne zwingende Gründe eingeschränkt werden sollte. Ein Vergleich mit dem Vereinsrecht, § 37 BGB, zeigt, daß auch dort das entsprechende Recht abgeschwächt werden kann, wenn auch aus der gegenüber § 50 GmbHG verschiedenen Formulierung die herrschende Lehre nur die Abschwächung nicht aber die Aufhebung für zulässig hält[12].

Weder aus einer dem Wesen der Minderheitsrechte anhaftenden Unentziehbarkeit noch aus dessen Organstellung[13] kann die Unabdingbarkeit des § 50 GmbHG entnommen werden. Ein Analogieschluß zu den Minderheitsrechten der §§ 61, 66 GmbHG ist angesichts der eindeutigen Regelung des § 45 II GmbHG nicht möglich. Ein Analogieschluß zu den Minderheitsrechten des AktienG, die alle zwingend sind, ist wegen der verschiedenen Struktur von AG und GmbH ebenfalls abzulehnen[14].

Mit einem anderen Gesichtspunkt begründet Brodmann[15] die von ihm vertretene partielle Unabdingbarkeit des § 50 GmbHG. Brodmann führt aus, daß das Minderheitsrecht des § 50 nicht nur die Aufgabe habe, der Minderheit das Recht zur Einberufung der GV zu geben, sondern zugleich auch der Mehrheit der Gesellschafter diese Möglichkeit einräumen solle. Wenn man den § 50 aufhebe, so verbleibe nur das Einberufungsrecht des Geschäftsführers gem. § 49 GmbHG. Danach habe allein dieser über die Einberufung der

---

9) Vogel § 50 Anm. 5; Liebmann-Saenger § 50 Anm. 1; Rückersberg HansRGZ 1940 Abt. A Sp. 211; RG 68, 212; JW 1933, 2104; KG in Freymuth Nr. 1 zu § 50; außerdem das ältere Schrifttum: Crüger-Creccelius § 50 Anm. 1; Pinzger § 50 Anm. 1; Groschuff § 50 Anm. 1; Neukamp § 51 Anm. 2.

10) Schmidt in Hachenburg § 50 Anm. 17.

11) Baumbach-Hueck GmbHG § 50 Anm. 1 B.

12) Vgl. Staudinger-Coing § 37 Anm. 18.

13) So Feine S. 514.

14) So aber Schmidt in Hachenburg § 50 Anm. 17.

15) Brodmann § 50 Anm. 5.

GV zu entscheiden, weder der einzelne Gesellschafter noch die Minderheit, noch die Mehrheit könne dann eine GV wirksam einberufen. Eine GV gegen den Willen des Geschäftsführers könnte dann nur noch zustande kommen, wenn sich a l l e Gesellschafter versammeln würden, da dann eine besondere Einberufung überflüssig sei. In dem Ausschluß des Rechts des § 50 GmbHG sieht Brodmann eine Beeinträchtigung der „grundsätzlichen und unveräußerlichen Stellung der GV" gegenüber dem Geschäftsführer, dem dann ein ausschließliches Bestimmungsrecht verliehen würde.

Diese Argumentation verkennt den Rang des Grundsatzes der Gestaltungsfreiheit, der im Recht der GmbH herrscht. Wie oben (S. 22) ausgeführt, ist die Zulässigkeit einer Delegation der der GV zugewiesenen Aufgaben, sofern diese Kompetenzverteilung durch das Gesetz nicht zwingend gestaltet ist, allgemein anerkannt. Das muß auch für das Recht zur Einberufung der GV im Verhältnis der Gesellschafter zum Geschäftsführer gelten. Ein Ausschluß des Rechts des § 50 GmbHG im Gesellschaftsvertrag tastet die Stellung der GV als oberstes Willensorgan der GmbH nicht an. Es ist auch dann den Gesellschaftern möglich, die Bestimmung des Gesellschaftsvertrages mit satzungsändernder Mehrheit wieder aufzuheben und eine andere Zuständigkeit einzuführen.

Keine der von den Anhängern der völligen oder teilweisen Unabdingbarkeit des § 50 GmbHG vorgebrachten Begründungen erscheint in dem Maße zwingend, daß von dem eindeutigen gesetzlichen Wortlaut abzuweichen wäre. Folgend der Rechtsprechung und der älteren Literatur ist die Aufhebung und Änderung des Minderheitsrechts des § 50 GmbHG durch den Gesellschaftsvertrag gem. § 53 GmbHG als zulässig zu erachten.

c) Die Umgestaltung des Minderheitsrechts des § 50 GmbHG

In Übereinstimmung mit der vorgeschlagenen grundsätzlichen Umwandlung aller Minderheitsrechte in Individualrechte sollte das Einberufungsrecht des § 50 GmbHG, das als Ausdruck der körperschaftlichen Struktur der GmbH beizuhalten ist, ohne Rücksicht auf den Kapitalanteil jedem Gesellschafter gewährt werden. Gründe, die gegen eine Ausweitung zum Individualrecht sprechen könnten, sind nicht gegeben. Insbesondere kann nicht argumentiert werden, der mißbräuchlichen Einberufung der GV durch einen einzigen Gesellschafter werde dadurch der Weg geöffnet. Als Schutz hiergegen ist wie auch im geltenden Recht, eine besondere Kostenregelung zu treffen. Die insoweit unveränderte Übernahme des § 50 GmbHG durch den GmbHG-Entwurf 1940 (§ 78 Entw.), die in der amtlichen Begründung nicht näher erläutert wird, ist abzulehnen.

Für das kommende Recht ist die Abdingbarkeit dieser Vorschrift beizuhalten. Diese ist Ausdruck der Gestaltungsfreiheit der Gesellschafter[16]. Um aber den berechtigten Befürchtungen, die Mehrheit könnte auf diesem Wege die Minderheit auszuschalten versuchen, zu entsprechen, sollte ein Ausschluß des Einberufungsrechts und eine Verschärfung der Voraussetzungen nur

[16]) Römer Notartag S. 66.

durch einstimmigen Beschluß der Gesellschafter und nicht mehr durch bloße $^3/_4$-Mehrheit zulässig sein.

Ein Vergleich mit den entsprechenden Minderheitsrechten in anderen Korporationen zeigt, daß der Minderheit dort ein Selbsthilferecht i. S. des § 50 III GmbHG nicht zugestanden ist. Die Minderheit der Aktionäre (§ 106 AktG), der Genossen (§ 45 GenG), der Vereinsmitglieder (§ 37 BGB) ist nicht ohne weiteres zur Einberufung des Beschlußorgans befugt, wenn ihr Einberufungsverlangen abgelehnt wurde. Sie bedarf zur Einberufung einer besonderen Ermächtigung durch das Registergericht. Eine solche Regelung trifft für die GmbH auch das schweizerische Recht (Art. 809 SchwOLR), während sich das österreichische GmbHG vom 6. 3. 1906 der Vorschrift des § 50 des deutschen GmbHG angeschlossen hat.

Die Prüfung der formellen Voraussetzungen des Einberufungsverlangens[17] soll mißbräuchlichen Einberufungen der Beschlußorgane vorbeugen. Für die GmbH erscheint angesichts der überschaubaren Verhältnisse die Aufnahme der gerichtlichen Prüfung als entbehrlich[18].

Starken Bedenken begegnet die Kostenregelung des § 50 III, 2 GmbHG. Nach dem geltenden Recht beschließt im Falle der Einberufung der GV durch die Minderheit die GV darüber, ob die entstandenen Kosten von der Gesellschaft zu tragen sind. Unter Kosten sind dabei nur die Kosten der Abhaltung der Versammlung (Saalmiete, Notarkosten, Porto usw.) zu verstehen, nicht etwa die Kosten der einzelnen Gesellschafter, die diesen durch die Teilnahme entstanden sind (Reisekosten, Übernachtungskosten)[19]. Diese Kosten trägt auch bei einer gewöhnlichen, d. h. durch den Geschäftsführer einberufenen Versammlung, jeder Gesellschafter selbst.

Während noch die amtliche Begründung zum GmbHG[20] davon ausging, daß die GV über die Kosten der Versammlung nach „freiem Ermessen" entscheiden könne, wendet die herrschende Lehre heute auf diese Entscheidung richtigerweise den Gedanken der §§ 315—317 BGB an[21]. Gem. §§ 315 ff. BGB hat, wenn die Bestimmung der Leistung innerhalb eines Vertrages durch einen Vertragspartner oder einen Dritten erfolgen soll, dies nach b i l l i g e m Ermessen zu geschehen. In der gleichen Weise hat die GV zu verfahren, so daß bei offenbarer Unbilligkeit das Gericht angerufen werden kann.

Trotz dieser durch die herrschende Lehre geschaffenen Verbesserung der Stellung der einberufenden oder ankündigenden Minderheit bleibt diese dabei doch in starkem Maße der Willkür der Mehrheit der GV ausgeliefert und hat nur die Möglichkeit, den Kostenbeschluß der GV in einem risikoreichen Prozeß nachprüfen zu lassen, in dem der Nachweis der offenbaren Unbillig-

---

17) Die Zweckmäßigkeit des Begehrens unterliegt nicht der gerichtlichen Kontrolle; vgl. Schmidt-Meyer-Landrut GroßKomm. AktG § 206 Anm. 13.

18) So schon die Amtl. Begrdg. zum GmbHG S. 100 für das geltende Recht und § 78 III Entw. GmbHG 1940 für die Reform.

19) Überw. M.: Vgl. Scholz § 50 Anm. 8.

20) S. 101.

21) Vgl. Schmidt in Hachenburg § 50 Anm. 16; Scholz § 50 Anm. 8; Vogel § 50 Anm. 5; Baumbach-Hueck GmbHG § 50 Anm. 3 B.

keit geführt werden muß. Diese Benachteiligung der Minderheit entspricht nicht ihrer Stellung als Gesellschaftsorgan und der Wahrnehmung von Gesellschaftsinteressen.

Die Kostenregelung des § 50 III, 2 GmbHG verfolgt den Zweck, die Minderheit vor leichtfertigem und schikanösem Gebrauch ihres Minderheitsrechts zurückzuhalten. Dieser Zweck würde auch erreicht werden, wenn die Kosten einer einzuberufenen außerordentlichen GV grundsätzlich der Gesellschaft zur Last fielen und nur dann dem einberufenden Gesellschafter auferlegt werden könnten, wenn sein Verlangen nicht sachlich gerechtfertigt ist[22].

Eine gänzliche Übernahme der Kosten einer auf Betreiben einer Minderheit einberufenen Hauptversammlung durch die AG schlägt der RegEntw. zum AktG in § 118 IV vor. Hatte bisher gem. § 106 V AktG wie bei der GmbH die HV über die Kostentragung zu entscheiden, so soll nun nach dem Entwurf die AG in jedem Fall und ohne Ausnahme die Kosten der Versammlung tragen. Diese weitergehende Übernahme der Kosten ist nicht für die GmbH zu übernehmen. Sie ist begründet in der näheren Ausgestaltung des aktienrechtlichen Minderheitsrechts, das einen besonderen Schutz vor Mißbrauch durch eine evtl. Kostentragung auf Grund der Einschaltung des Registergerichts entbehrlich macht[23].

2. Die Auflösungsklage des § 61 GmbHG

Gem. § 61 GmbHG kann eine Minderheit, deren Geschäftsanteile zusammen den 10. Teil des Stammkapitals erreichen, im Wege der Klage gegen die Gesellschaft bei Vorliegen eines wichtigen Grundes deren Auflösung begehren. Das Recht des § 61 GmbHG war in dem ersten Entwurf zum GmbHG noch nicht enthalten. Im zweiten Entwurf ist die Einführung der an Art. 125 ADHGB, jetzt § 133 HGB anknüpfenden Möglichkeit der Auflösungsklage damit begründet worden, „daß die Veräußerung der Geschäftsanteile ... nicht überall mit Sicherheit zum Ziele führen wird, da die Anteile unter Umständen schwer veräußerlich sein können. Auch ist mit der Eventualität zu rechnen, daß durch den Gesellschaftsvertrag die Veräußerung an die Genehmigung der Gesellschaft geknüpft ist“[24].

Zweifelhaft ist auch für dieses Minderheitsrecht, inwieweit durch den Gesellschaftsvertrag Abänderungen vorgenommen werden können. In der Literatur besteht Einigkeit darüber, daß § 61 GmbHG als zwingendes Recht hinsichtlich einer Verschärfung der Voraussetzungen anzusehen ist[25]. Die Statuierung einer höheren Beteiligung am Stammkapital als Voraussetzung der Klage ist unzulässig; das Minderheitsrecht ist unentziehbar und kann

---

[22]) Anders der Entw. d. RJM zum GmbHG v. 1940, der in § 78 III, 2 die Regelung des § 50 III, 2 GmbHG ohne Begründung übernimmt; ebenso C. Fischer in § 59 III, 2 seines privaten Entw. zu einem GmbHG (S. 142).

[23]) Amtl. Begrdg. zum RegEntw. AktG S. 150.

[24]) Zit. nach Crüger-Creccelius § 61 Anm. 1.

[25]) Schmidt in Hachenburg § 61 Einl. u. Anm. 11; Brodmann § 61 Anm. 1 f.; Scholz § 61 Anm. 1; Baumbach-Hueck GmbHG § 61 Anm. 1 A.

auch nicht durch die Satzung aufgehoben werden. Die zwingende Natur des § 61 GmbHG in dieser Richtung ergibt sich aus der Stellung der Vorschrift und ihrem gesellschaftsrechtlichen Zweck. Für die §§ 60 ff. GmbHG fehlt eine Bestimmung wie die des § 45 GmbHG, wonach der Gesellschaftsvertrag anderweitige Regelungen treffen kann. Mit der Vorschrift des § 61 GmbHG will das Gesetz der Minderheit bzw. dem einzelnen Gesellschafter eine Möglichkeit geben, sich von der Bindung an die GmbH zu lösen, wenn ein weiteres Zusammenarbeiten unmöglich oder untragbar erscheint. Das Gesetz kannte noch nicht die später entwickelte Möglichkeit zum Austritt eines Gesellschafters. Die Auflösungsklage ist daher als Korrektiv der bei der GmbH erschwerten Übertragung der Anteile geschaffen worden.

Auf der anderen Seite ist eine Erleichterung der Voraussetzungen der Auflösungklage im Gesellschaftsvertrag als zulässig zu erachten, so daß z. B. bereits die Innehabung des 20. Teils des Stammkapitals zur Klageerhebung berechtigt[26]. Hierdurch wird der Schutz der Minderheit lediglich verstärkt.

Unter Berufung auf den Wortlaut des § 61 II GmbHG (die Klage „kann nur" von Gesellschaftern erhoben werden, deren Geschäftsanteile zusammen mindestens dem 10. Teil des Stammkapitals entsprechen) bezweifelt Scholz die Richtigkeit dieser herrschenden Ansicht[27]. Aus dem Wortlaut des Gesetzes ist jedoch nur zu entnehmen, daß nach dem gesetzlichen Normalstatut dieser bestimmte Kapitalanteil zur Klageerhebung erforderlich ist. Gegen die Zulässigkeit einer besonderen gesellschaftsvertraglichen Änderung läßt sich hieraus nichts entnehmen.

Ein Vergleich mit der nach § 60 II GmbHG möglichen Statuierung eines Kündigungsrechts[28] für jeden einzelnen Gesellschafter zeigt die Unhaltbarkeit der Auffassung von Scholz. Wenn schon jedem Gesellschafter durch den Gesellschaftsvertrag das Recht zur Auflösung der Gesellschaft durch einsei-
Gesellschaftsvertrag das Recht zur Auflösung der Gesellschaft durch einsei-
tige Kündigung gegeben werden kann, so ist nicht einzusehen, warum die Befugnis zur Auflösungsklage, die ohnehin besondere Voraussetzungen (wichtiger Grund) erfordert und deshalb den Bestand der GmbH stärker als ein Kündigungsrecht schützt, nicht auch jedem Gesellschafter ohne Rücksicht auf seine Kapitalbeteiligung eingeräumt werden dürfte.

Auch in anderer Weise ist eine Erleichterung der Voraussetzungen des § 61 GmbHG zulässig. Im Gesellschaftsvertrag können bestimmte Gründe zu wichtigen, die Auflösung rechtfertigenden Gründen i. S. des § 61 GmbHG erklärt werden[29]. Nur die entgegengesetzte Bestimmung, daß bestimmte im

---

[26]) Schmidt in Hachenburg § 61 Einl.; Vogel § 61 Anm. 3; Brodmann ebenda; Baumbach-Hueck ebenda; Hueck in DB 57, 38; Liebmann-Sänger § 61 Anm. 2; Neukamp-Becker § 61 Nr. 2 b; Rückersberg HansRGZ 1940 Abt. A Sp. 214; Feine S. 514, 630.

[27]) Scholz § 61 Anm. 1; Crüger-Creccelius § 61 Anm. 1; Marcus Monatsschr. 1907, 9.

[28]) Die Vereinbarung eines Kündigungsrechts wird allgemein anerkannt; vgl. Schmidt in Hachenburg § 60 Anm. 34; Baumbach-Hueck GmbHG § 60 Anm. 6 D; Scholz § 60 Anm. 23 u. JR 48, 115 ff.

[29]) Schmidt-Hachenburg § 61 Anm. 11; Scholz § 61 Anm. 12; Baumbach-Hueck GmbHG § 61 Anm. 1 A.

gesetzlichen Sinne wichtige Gründe nicht zur Auflösung führen sollen, ist wegen der Rechtsnatur des § 61 GmbHG als Mindestrecht unzulässig.

Auf die nahe Verwandtschaft des § 61 GmbHG mit § 133 HGB, dem entsprechenden Rechtsbehelf bei der OHG, ist bereits hingewiesen worden (siehe S. 43). Auf Grund des Charakters der Vorschrift als eines Individualrechts, das nur auf Grund der Struktur der GmbH als Minderheitsrecht gestaltet wurde, erscheint eine Umwandlung in ein echtes Individualrecht besonders geboten. Wie bei der OHG, so sollte auch bei der GmbH jedem Gesellschafter das Recht zur Erhebung der Auflösungsklage eingeräumt werden. Diesen Weg hat auch der RJM-Entw. zum GmbHG von 1940 in seinem § 138 I beschritten, und zwar unter ausdrücklichem Hinweis auf das Recht der OHG[30].

3. Die Abberufung und Bestellung von Liquidatoren, § 66 GmbHG

Das Minderheitsrecht des § 66 II GmbHG, nach dem eine Minderheit mit Anteilen von 10 % des Stammkapitals die Bestellung oder Abberufung von Liquidatoren aus wichtigem Grunde beim Gericht beantragen kann, findet sich ebenfalls im Recht der AG (§ 206 II AktG, § 254 III RegEntwAktG) und der Genossenschaft (§ 83 GenG).

Hinsichtlich der Rechtsnatur des § 66 II gilt das zu § 61 GmbHG Gesagte. Durch den Gesellschaftsvertrag kann wohl das Minderheitsrecht erweitert, aber weder entzogen noch eingeschränkt werden[31]. Die Zulässigkeit einer Erleichterung der Voraussetzungen des Minderheitsrechts ergibt sich hier auch aus Abs. 1 des § 66 GmbHG. Danach können durch den Gesellschaftsvertrag oder durch GV-Beschlüsse andere Personen mit der Liquidation betraut werden.

Das Recht des § 66 II GmbHG gibt der Minderheit praktisch das Recht zur Abberufung der Geschäftsführer im Stadium der Liquidation, denn diese sind nach § 66 I „geborene" Liquidatoren. Damit wird vom Zeitpunkt der Auflösung der GmbH die Stellung des Geschäftsführers noch weiter geschwächt. Diese Regelung rechtfertigt sich aus der Änderung der Zweckrichtung der GmbH durch die Auflösung. Verfolgte die Gesellschaft bisher als „werbende" Gesellschaft die Aufgabe der Erreichung des Gesellschaftszwekkes (nicht nur, aber in der Regel eines wirtschaftlichen), so ist nun die Abwicklung und Verteilung des Vermögens zum Gesellschaftszweck geworden. In diesem Stadium ist die Gesellschafterminderheit besonders schutzbedürftig. Die bisher bestehende Vertrauensgrundlage zwischen den Gesellschaftern wird vielfach durch die erfolgte Auflösung, etwa auf die Auflösungsklage nach § 61 GmbHG hin, zerstört sein. War die Abberufung des Geschäftsführers im werbenden Stadium der Gesellschaft Aufgabe allein der GV

[30]) Amtl. Begrdg. Entw. 1940 S. 86; anders auch hier C. Fischer, der in § 86 III 2 seines Entw. an dem Erfordernis der Beteiligung von 10 % am Stammkapital festhalten will.

[31]) Schmidt in Hachenburg § 66 Anm. 5; Scholz § 66 Anm. 5; Baumbach-Hueck GmbHG § 66 Anm. 3 A; Brodmann § 66 Anm. 2 b.

auf Grund eines Mehrheitsbeschlusses (§ 46 Z. 5 GmbHG), so ist dies Recht hier schon der Minderheit, wenn auch unter Anrufung des Gerichts und nur bei wichtigem Grunde, gegeben, um eine unparteiische und gerechte Verwertung und Verteilung des Gesellschaftsvermögens zu gewährleisten.

Eine ähnliche Änderung in der Stellung der geschäftsführenden Gesellschafter findet sich bei der BGB Ges. und der OHG. Von dem Zeitpunkt der Auflösung ab tritt bei der OHG an die Stelle der gesetzlichen Einzelgeschäftsführung und Vertretung, §§ 115, 126 HGB, die Gesamtgeschäftsführung durch alle Gesellschafter als Liquidatoren, §§ 146 I, 149, 150 I HGB. Bei der BGB-Gesellschaft tritt durch die Auflösung der Gesellschaft der Grundsatz der Gesamtgeschäftsführung und Vertretung, sollte er durch den Gesellschaftsvertrag abgeändert worden sein, gem. § 730 BGB wieder in Kraft. Darüber hinaus findet sich bei der OHG in § 146 II HGB das dem § 66 II GmbHG entsprechende Recht jedes OHG-Gesellschafters, bei wichtigem Grunde die Ernennung von Liquidatoren durch das Gericht zu beantragen.

Dem Entwurf des RJM von 1940 folgend, ist für die Reform die Umgestaltung des Minderheitsrechts des § 66 II in ein Individualrecht für jeden Gesellschafter zu fordern[32]. Reformbedürftig scheint weiter die Regelung der Abberufung von Liquidatoren zu sein. Nach § 66 GmbHG kann die GV nur die Liquidatoren abberufen, die sie selbst bestellt hat. Die Abberufung der vom Gericht auf Antrag der Minderheit bestellten Liquidatoren kann nur durch dieses erfolgen (§ 66 III, 2 GmbHG)[33]. Diese Regelung liegt weder im Interesse der Minderheit noch in dem der Gesellschaft. Warum soll den Gesellschaftern nicht auch die Rechtsmacht gegeben werden, gerichtlich, d. h. auf Antrag der Minderheit, bestellte Liquidatoren abberufen zu können? Der Schutz der Minderheit fordert nicht, daß zur Abberufung das Gericht eingeschaltet werden müßte. Den Belangen der Minderheit bzw. des beantragenden Gesellschafters ist genügt, wenn in diesem Fall die Einstimmigkeit zur Abberufung durch Gesetz zwingend gefordert wird[34].

---

32) § 143 II Entw. GmbH 1940, anders C. Fischer in § 91 II seines Entw., der an einem Minderheitsrecht festhalten will.

33) Schmidt in Hachenburg § 66 Anm. 14; Vogel § 66 Anm. 8; RG 145, 99; etwas anderes gilt nur im Fall der gerichtlichen Bestellg. von Notliquidatoren gem. § 39 BGB. Diese können von der GV mit einf. Mehrheit abberufen werden. Eine gleiche Regelung treffen die §§ 206 III, 3 AktG, 43 IV, 2 GenG und § 143 II, 2 Entw. GmbHG 1940 für die GmbH.

34) Nicht zu den hier behandelten Individualrechten gehört das von der Rechtsprechung und -lehre entwickelte Recht zum Ausschluß eines mißliebigen Gesellschafters (vgl. oben S. 33 f.). Dieses Recht kann nicht von e i n e m der Gesellschafter geltend gemacht werden. Erforderlich ist, daß die übrigen Gesellschafter einstimmig (h. L.) oder in ihrer Mehrheit an der Ausschließung mitwirken. Vgl. die Regelung des Ausschlusses im Recht der OHG nach § 140 HGB, der von den „übrigen Gesellschaftern" beantragt werden muß.

II. Weitere Minderheitsrechte in analoger Anwendung des Aktiengesetzes

1. Die aktienrechtlichen Minderheitsrechte

Wegen der beschränkten Anzahl der positiven Minderheits- und Individualrechte im GmbHG ist der Versuch gemacht worden, den im GmbH-Recht als lückenhaft empfundenen Minderheitenschutz durch Analogien aus dem Aktienrecht zu verstärken. Nach den oben gemachten Ausführungen über das Wesen der GmbH ist eine Analogie zum Aktiengesetz nur dann als zulässig anzusehen, wenn es sich um eine Übernahme von Grundsätzen handelt, die sich aus dem der AG und der GmbH gemeinsamen körperschaftlichen Aufbau ergeben. Nicht zulässig ist dagegen eine analoge Anwendung von kapitalgesellschaftlichen Elementen der AG, da hier die personengesellschaftliche Struktur der GmbH entgegensteht.

Das Aktiengesetz kennt im einzelnen folgende positiven Minderheitsrechte:

1. das Recht einer Minderheit mit einem Anteil von 10 % am Grundkapital, Antrag auf Abberufung von entsandten AR-Mitgliedern aus wichtigem Grunde zu stellen, § 88 IV, 2 AktG,
2. das Einberufungs- und Ankündigungsrecht einer Minderheit mit einem Anteil von 5 % des Stammkapitals, § 106 AktG,
3. das Recht einer Minderheit mit einem Anteil von 10 % des Grundkapitals, eine Sonderprüfung beim Gericht zu beantragen, § 118 II AktG,
4. das Recht einer Minderheit von 10 bzw. 5 % des Grundkapitals, die Geltendmachung von Ersatzansprüchen gegen Gründer, Vorstands- oder AR-Mitglieder zu erzwingen, §§ 122 f. AktG,
5. das Recht einer Minderheit von 10 % des Grundkapitals, der Bestellung bestimmter Abschlußprüfer zu widersprechen und beim Gericht den Antrag auf Bestellung anderer Prüfer zu stellen, § 136 II AktG,
6. das Recht einer Minderheit von 5 % des Grundkapitals, Beschlüsse anzufechten, durch die Abschreibungen, Wertberichtigungen, Rücklagen oder Rückstellungen über das nach Gesetz oder Satzung statthafte Maß hinaus vorgenommen wurden, § 198 II AktG,
7. das Recht einer Minderheit von 5 % des Grundkapitals, die Abberufung oder Bestellung von Abwicklern beim Gericht zu beantragen, § 206 II AktG.

Außerdem finden sich in den §§ 43, 84 IV, V, 124 AktG die Rechte der Minderheit, einen Vergleich oder Verzicht bzgl. der Ersatzansprüche der AG gegen Gründer, Miglieder des Vorstandes und des Aufsichtsrates zu verhindern. Diese Rechte sind als negative Minderheitsrechte anzusehen.

Die aktienrechtlichen Minderheitsrechte der §§ 106, 206 AktG entsprechen dabei den Minderheitsrechten der §§ 50 und 66 GmbHG.

2. Das Abberufungsrecht des § 88 IV, 2 AktG

Die Vorschrift des § 88 IV, 2 AktG behandelt das Recht einer Minderheit mit Anteilen von 10 % des Grundkapitals, ein entsandtes Mitglied des AR aus wichtigem Grund abzuberufen. In Betracht kommt dieses Minderheitsrecht nur dann, wenn in der Satzung der AG in Übereinstimmung mit § 88 I AktG für Inhaber bestimmter Aktien das Recht festgelegt ist, eine bestimmte Zahl von Personen in den AR zu entsenden. In diesem Fall werden abweichend von der Bestimmung des § 87 I AktG nicht alle AR-Mitglieder von der HV gewählt, sondern die in der Satzung bestimmte Anzahl (im Höchstfall 1/3 aller AR-Mitglieder) erwirbt die Mitgliedschaft durch Erklärung des oder der Entsendungsberechtigten gegenüber der AG[35]. Ein auf Grund einer solchen Satzungsbestimmung benanntes AR-Mitglied kann nicht nur jederzeit von dem Entsendungsberechtigten, sondern aus wichtigem Grunde auch vom Gericht auf Antrag der Aktionärsminderheit abberufen werden.

Die entsprechende Anwendung dieses Rechts auf die GmbH setzt zunächst voraus, daß die GmbH-Gesellschafter durch den Gesellschaftsvertrag einen AR eingesetzt haben, da dieser nach dem Gesetz nicht zwingend ist. Auf den fakultativen AR der GmbH finden gem. § 52 GmbHG einige Vorschriften des Aktienrechts über die AR der AG Anwendung. An die Stelle der in § 52 GmbHG ursprünglich angeführten Bestimmungen des Aktienrechts des HGB sind gem. § 18 II EGAktG von 1937 die „entsprechenden" Vorschriften des Aktiengesetzes von 1937 getreten.

Eine mittelbare Verweisung auf den § 88 AktG ist und konnte in § 52 GmbHG nicht enthalten sein. Die Regelung des § 88 AktG war im Aktienrecht des HGB nicht vorgesehen; sie ist erst durch das Aktiengesetz von 1937 geschaffen worden und nicht ausdrücklich in den Katalog des § 52 GmbHG aufgenommen worden.

Trotzdem halten Hueck und Vogel eine Anwendbarkeit des § 88 AktG, also auch der Regelung des Minderheitsrechts des Abs. 4, worauf Hueck ausdrücklich hinweist, für geboten[36]. Während Vogel jede Begründung schuldig bleibt, meint Hueck, die Regelung des § 52 GmbHG sei insoweit unvollständig und die neueren aktienrechtlichen Vorschriften seien, sofern es die Rechtsnatur der GmbH erlaube, auf diese anzuwenden[37].

Aus diesem Argument heraus ist jedoch die Anwendbarkeit des § 88 AktG abzulehnen. Das Aktienrecht stellt infolge der besonderen Schutzbedürftigkeit der Aktionäre weitgehend ein System zwingender Rechtsnormen dar, und zwar sowohl im Verhältnis der AG zu Dritten wie auch im Innenverhältnis der AG selbst. Unter der Herrschaft des HGB war die Wahl durch die Generalversammlung die einzige Möglichkeit der Berufung eines AR-Mitgliedes[38]. Erst durch die neu geschaffene Vorschrift des § 88 AktG wurde die Möglichkeit einer Entsendung von AR-Mitgliedern auf Grund einer besonderen Satzungsbestimmung zugelassen.

Anders ist dagegen die Rechtslage im GmbH-Recht, wo der Grundsatz der Gestaltungsfreiheit wenigstens im Innenverhältnis der Gesellschafter weit-

---

[35]) Schmidt-Meyer-Landrut, Großkom. AktG § 89, Anm. 12.
[36]) Baumbach-Hueck GmbH § 52 Anm. 2 A; Vogel § 52 Anm. 2.
[37]) Bejahend gleichfalls Brodmann GmbH Rdsch. 37, 703.
[38]) Abgesehen von der Entsendung von Betriebsmitgliedern nach dem Ges. v. 15. 2. 22.

gehendst gilt. Die Zulässigkeit eines im Gesellschaftsvertrag vorgesehenen Entsendungsrechts für AR-Mitglieder ergibt sich hier aus dem Wesen der GmbH, dem Grundsatz der autonomen Gestaltungsfreiheit[39]. Da bei der GmbH bereits die Errichtung des AR wie auch anderer Organe in das Belieben der Gesellschafter gestellt ist, muß dies auch für die nähere Ausgestaltung und Zusammensetzung des AR gelten, wie auch § 52 GmbHG ausführt, nach dem die Regeln des Aktienrechts nur Anwendung finden, wenn im Gesellschaftsvertrag keine anderweitigen Bestimmungen geschaffen sind. Die Zulässigkeit der Statuierung eines AR-Entsendungsrechts bestand somit bereits vor der Geltung des § 88 AktG und ist nicht erst durch die Aktienreform von 1937 eingeführt worden.

Durch die Anerkennung eines Entsendungsrechtes für den GmbH-AR aus dem Grundsatz der Gestaltungsfreiheit heraus verbietet sich zugleich die analoge Anwendung des Minderheitsrechts des § 88 IV, 2 AktG. Wollte man diese bejahen, so hieße das, die Vorschrift des § 88 IV AktG aus ihrem Rahmen zu lösen und auf eine zwar sachlich gleiche, aber anders begründete Rechtslage anzuwenden. Es besteht auch kein praktisches Bedürfnis für die Übernahme dieser aktienrechtlichen Bestimmung. Die Zulässigkeit der Abberufung eines für die GmbH untragbaren entsandten AR-Mitglieds ergibt sich bereits aus allgemeinen gesellschaftsrechtlichen Grundsätzen. Beachtenswert ist hierbei die Entscheidung des RG im Bd. 165, S. 68, der folgender Fall zugrunde lag: In der Satzung einer GmbH war den Gesellschaftern, die mindestens 25 % des Stammkapitals in Händen hatten, das Recht auf Entsendung eines AR-Mitglieds eingeräumt. Dieses Recht wurde der Klägerin von den Mehrheitsgesellschaftern streitig gemacht, und zwar u. a. mit dem Argument, der betr. Gesellschafter sei ein Konkurrent der GmbH und wolle seinen Sitz im AR ausnützen, um sich Wettbewerbsvorteile zu verschaffen und Einfluß auf die Geschäftsführung zu nehmen. Nachdem das RG die Zulässigkeit eines Entsendungsrechts bejaht hat,[40] prüft es, ob den übrigen Gesellschaftern ein Abberufungsrecht zusteht. Dieses bejaht das RG grundsätzlich aus wichtigem Grunde mit der Begründung, daß ein Gesellschafter, der sein Entsendungsrecht zum Schaden der GmbH ausnütze und gegen seine gesellschaftliche Treupflicht verstoße, das Entsendungsrecht verliere. Die GV könne in einem solchen Fall die Abberufung des entsandten AR-Mitgliedes mit einfacher Mehrheit verlangen[41].

Zu einem Abberufungsrecht aus wichtigem Grunde kommen auch Schmidt und Scholz, die aber statt einer Verletzung der Treupflicht des Gesellschafters eine solche des Grundsatzes von Treu und Glauben annehmen zu müssen glauben, weil keine enge personenrechtliche Bindung bei der normalen GmbH vorliege[42]. Übereinstimmung besteht aber innerhalb dieser Gruppe darüber,

---

[39]) Schmidt in Hachenburg § 52 Anm. 27; Scholz § 52 Anm. 12; RG 165, 74.

[40]) Wobei das RG auf § 88 AktG hinweist, diesen aber nicht etwa anwendet. Der Bezug Vogels auf diese Entscheidung zur Unterstützung seiner Auffassung ist deshalb nicht gerechtfertigt.

[41]) RG 165, 79.

[42]) Schmidt in Hachenburg § 52 Anm. 29; Scholz § 52 Anm. 13.

daß das Abberufungsrecht aus wichtigem Grunde nur der GV als solcher[43], nicht aber dem einzelnen Gesellschafter oder einer Minderheit zusteht, wenn dies nicht im Gesellschaftsvertrag besonders vorgesehen ist.

Die hier vertretene Auffassung wird auch gestützt durch den RegEntw. zu einem Einführungsgesetz zum Aktiengesetz. Der Entwurf des EGAktG faßt in § 29 den § 52 GmbHG neu und setzt an die Stelle der Vorschriften des alten HGB, auf die in § 52 II GmbHG immer noch verwiesen wird, die entsprechenden Vorschriften des RegEntw. zum Aktiengesetz. In der Begründung zu § 29 EGAktG wird hervorgehoben, daß eine Änderung des Rechts des AR der GmbH nicht beabsichtigt sei, sondern nur der bisherige Rechtszustand verdeutlicht werden solle[44]. Diesem Grundsatz folgend fehlt in § 29 RegEntw.EGAktG eine Verweisung auf die dem § 88 IV AktG entsprechende Vorschrift des RegEntw. zum AktG.

3. Das Recht auf Sonderprüfung des § 118 AktG

Gem. § 118 II AktG ist eine Minderheit von Aktionären, deren Anteile zusammen den 10. Teil des Grundkapitals erreichen, befugt, einen gerichtlichen Antrag auf Durchführung einer Sonderprüfung von bestimmten Vorgängen zu stellen, wenn die HV zuvor einen solchen Antrag abgelehnt hat. Diesem Minderheitsantrag ist vom Gericht stattzugeben, wenn Verdachtsgründe von den Antragstellern dafür beigebracht werden, daß bei dem zu prüfenden Vorgang Unredlichkeiten oder grobe Verletzungen von Gesetz oder Satzung vorgekommen sind. Hat die HV eine Sonderprüfung beschlossen und Prüfer bestellt, so kann eine gleiche Minderheit bei Gericht die Bestellung von anderen Prüfern beantragen, § 118 III AktG.

Dieses Minderheitsrecht auf Sonderprüfung hängt eng zusammen mit dem Recht der Minderheit, nach §§ 122 ff AktG die Geltendmachung von Ersatzansprüchen gegen die Gründer der AG, Mitglieder des Vorstandes und des AR durchzusetzen. In der Regel wird es der Minderheit nur über dem Weg einer Sonderprüfung möglich sein, bestimmte Vorfälle aufzuklären und so das Beweismaterial für eine Ersatzklage zu gewinnen. Stützt sich das Verlangen zur Geltendmachung von Ersatzansprüchen auf Tatsachen, die in einem Sonderprüfungsbericht festgestellt sind, genügt deshalb ein Anteil von 5 % des Grundkapitals zur Geltendmachung dieses Minderheitsrechts, § 122 I, 2 AktG.

Eine analoge Anwendung dieser Vorschriften für die GmbH ist nur dann zulässig, wenn das GmbHG eine Lücke enthält, wenn also der Gesetzgeber des GmbHG das Problem der Überwachung der Geschäftsführung nicht erkannt hat und deshalb eine sonst getroffene Regelung unterblieben ist.

Gem. § 46 Z. 6 GmbHG unterliegen der Bestimmung der GV (vorbehaltlich einer anderen Regelung im Gesellschaftsvertrag, § 45 GmbHG) die Maß-

---

43) Scholz § 52 Anm. 13: Einfache Mehrheit; Schmidt-Hachenburg ebenda: Dreiviertel Mehrheit.

44) Amtl. Begründung RegEntw. EGAktG S. 322.

regeln zur Prüfung und Überwachung der Geschäftsführung. Diese Generalklausel für die Zuständigkeit der Gesellschafter der GmbH ist Ausdruck der Stellung der GV als oberstes Organ der GmbH, die anders als bei der AG nicht durch die zwingende Zuständigkeit anderer Organe eingeschränkt ist. Die Gesellschafterversammlung kann über alle Maßnahmen der Geschäftsführung beschließen und alle ihr notwendig erscheinenden Kontrollen durchführen[45]. Eingeschlossen in dieses umfassende Überwachungsrecht ist, ohne daß es einer besonderen Vorschrift dazu bedürfte und ohne daß die GV an die Voraussetzungen der §§ 118 ff. AktG gebunden ist, auch das Recht der GV, eine Sonderprüfung durch Revisoren vornehmen zu lassen[46].

Das Recht zur Durchführung der Sonderprüfung beruht nicht auf einer analogen Anwendung des AktG, sondern ergibt sich aus der „Allmacht" der GV[47]. Die Befugnis zur Kontrolle und Überwachung ist der GV als Organ, den Gesellschaftern in ihrer Gesamtheit eingeräumt. Ein Beschluß zur Durchführung einer Sonderprüfung bedarf daher der einfachen Mehrheit der Gesellschafter[48]. Das Recht der Sonderprüfung wollte der Gesetzgeber des GmbHG bewußt nicht dem einzelnen Gesellschafter einräumen[49].

Für eine analoge Anwendung der in § 118 AktG vorgeschriebenen Minderheitsrechte ist wegen der verschiedenartigen Struktur der beiden Gesellschaften kein Raum, sie verstieße gegen die im GmbHG abschließend getroffene Regelung[50]. Allein Schmidt will auch für die GmbH einer 10 %igen Minderheit das Recht zur Bestellung von Sonderprüfern geben[51]. Schmidt argumentiert im Widerspruch zu seiner in § 46 Anm. 31 ausgesprochenen Meinung, daß die Bestellung eines Sonderprüfers analog § 118 AktG durch Mehrheitsbeschluß zulässig sei und daß man dann „folgerichtig" auch einer 10 %igen Minorität dieses Recht zuerkennen müsse.

Für die Anwendung der aktienrechtlichen Vorschriften besteht auch kein unabweisbares Bedürfnis. Wie oben (S. 30 f) ausgeführt, besteht für den einzelnen GmbH-Gesellschafter ein Auskunfts- und bei wichtigem Grunde ein Büchereinsichtsrecht. Damit aber ist dem Gesellschafter der GmbH anders als dem Aktionär auch nach geltendem Recht die wenn auch eingeschränkte Möglichkeit der Prüfung der Geschäftsführung an Hand der Schriften der Gesellschaft gegeben.

---

45) Scholz § 46 Anm. 15; Schmidt in Hachenburg § 46 Anm. 31; Amtl. Begründung zum GmbHG S. 98.

46) OLG Kolmar in Reidnitz S. 209 Nr. 29 zu § 46.

47) Nicht folgerichtig ist die Auffassung von Baumbach-Hueck, GmbHG § 46 Anm. 1 B, der ausführt, „daß man, obwohl das GmbHG schweigt, die GV entspr. § 118 AktG für berechtigt halten muß, Sonderprüfer zu bestellen". Ebenso Schmidt in Hachenburg § 45 Anm. 55 im Widerspruch zu § 46 Anm. 31.

48) Vgl. Schmidt in Hachenburg § 46 Anm. 31; Scholz § 46 Anm. 15; Vogel § 46 Anm. 7.

49) Amtl. Begründung zum GmbHG S. 98: „Das Recht der Kontrolle der Geschäftsführung ... kann nicht den einzelnen Gesellschaftern als solchen eingeräumt werden."

50) Im Ergebnis auch: Brodmann § 46 Anm. 7; Scholz § 46 Anm. 15; Liebmann-Sänger § 46 Anm. 12; Feine S. 507.

51) Schmidt in Hachenburg § 45 Anm. 55, anders noch die 5. Aufl. von Hachenburg.

4. Das Verfolgungsrecht der §§ 122 ff. AktG

Die gleichen Gründe, die gegen eine analoge Anwendung des Minderheitsrechts auf Sonderprüfung sprechen, treffen auch auf eine Anwendung des aktienrechtlichen Minderheitsrechts auf Geltendmachung von Ersatzansprüchen gegen Gründer, Vorstands- und AR-Mitglieder gem. §§ 122 AktG zu. Gem. § 46 Z. 8 GmbHG ist zur Beschlußfassung über die Geltendmachung von Ersatzansprüchen gegen die Geschäftsführer oder Gesellschafter die GV zuständig, die hierüber mit einfacher Mehrheit entscheidet. Diese Regelung ist zwar gem. § 45 GmbHG abdingbar, d. h. der Gesellschaftsvertrag könnte ein den §§ 122 ff. AktG entsprechendes Minderheitsrecht statuieren, solange dies aber nicht geschehen ist, besteht für die Minderheit keine Möglichkeit, die Verfolgung von Ansprüchen gegen Geschäftsführer oder Gesellschafter selbständig geltend zu machen[52].

Obwohl § 46 Z. 8 nur von Ersatzansprüchen gegen Geschäftsführer und Gesellschafter spricht, nicht aber von solchen gegen AR-Mitglieder, muß diese Regelung auch für Ersatzansprüche gegen letztere gelten, sofern ein AR eingesetzt ist. § 122 AktG (früher § 268 HGB), der auch die Ansprüche gegen Mitglieder des AR der AG behandelt, ist nicht in den in § 52 GmbHG aufgeführten und für den AR der GmbH für anwendbar erklärten Vorschriften enthalten. Auch der RegEntw. zum EGAktG führt die entsprechende Vorschrift (§§ 112, 90 IV, 140 RegEntw. zum AktG) für das Minderheitsrecht auf Geltendmachung von Ersatzansprüchen gegen AR-Mitglieder nicht in der vorgeschlagenen Neufassung des § 52 GmbHG auf. Der Sonderfall der Verfolgung von Ansprüchen gegen AR-Mitglieder kann nicht anders behandelt werden als Ersatzansprüche gegen sonstige Organe der GmbH[53]. Auch hinsichtlich der Ansprüche gegen Mitglieder des fakultativen AR steht einer Minderheit weder ein Recht auf Durchsetzung noch ein Widerspruchsrecht gegen den Vergleich oder Verzicht zu[54].

5. Das Widerspruchsrecht der Minderheit gegen Abschlußprüfer, § 136 II AktG

Gem. § 136 II AktG ist neben dem Vorstand und dem Aufsichtsrat auch eine Minderheit von Aktionären, deren Anteile zusammen mindestens den 10. Teil des Grundkapitals erreichen, zum Widerspruch gegen die durch die HV vorzunehmende Wahl von bestimmten Abschlußprüfern berechtigt. Über diesen Widerspruch entscheidet nach § 136 III AktG das Gericht. Folgt das Gericht dem Begehren der Minderheit, so hat es zugleich, und zwar endgültig, neue Abschlußprüfer zu benennen.

---

[52]) BGH in DB 58, 1418; KG JW 34, 3073 Feine S. 513; Schmidt in Hachenburg § 46 Anm. 4 a; Vogel § 46 Anm. 9; Scholz § 46 Anm. 23; Brodmann § 46 Anm. 9 a 1; Baumbach-Hueck GmbHG § 46 Anm. 10 B.

[53]) KG JW 34, 3037.

[54]) Überw. Meinung: Schmidt in Hachenburg § 52 Anm. 73; Scholz § 52 Anm. 32; Vogel § 52 Anm. 1; Baumbach-Hueck GmbHG § 52 Anm. 2 L.

Auch dieses Minderheitsrecht ist einer Analogie für das GmbH-Recht nicht fähig. Es beruht im Aktienrecht auf den zwingenden Vorschriften über die Pflichtprüfung des Jahresabschlusses durch besonders bestellte Jahresabschlußprüfer. Für die GmbH ist eine Prüfung des von der GV festzusetzenden Jahresabschlusses, § 46 Z. 1 GmbHG, nicht allgemein[55], sondern nur in einigen Ausnahmefällen durch Spezialgesetze vorgeschrieben.

Einer besonderen Prüfungspflicht des Jahresabschlusses unterliegen:

1. GmbH, die auf dem Sparkassen- und Bankgebiet tätig sind, § 27 KWG,
2. GmbH, deren Erträgnisse ausschließlich oder überwiegend öffentlichen Körperschaften zufließen oder deren Stammkapital unmittelbar oder mittelbar zu mehr als 50 % öffentlichen Körperschaften gehört, III. NotVO des Reichspräsidenten vom 10. 6. 31, Teil 5 Kap. VII (RGBl. I S. 537) und DurchfVO v. 30. 3. 33 (RGBl. I S. 180),
3. Lagerhausunternehmen in der Rechtsform der GmbH, § 9 VO über Orderlagerscheine vom 16. 12. 1931 (RGBl. I S. 763) und
4. Bausparkassen in GmbH-Form, §§ 114, 112, 57 ff. VAG vom 6. 6. 31.

In all diesen Fällen handelt es sich um die Anordnung einer besonderen Prüfungspflicht, die im öffentlichen Interesse liegt, weil die Art des betriebenen Unternehmens besonders große Gefahren für das Publikum bei unsachgemäßer Geschäftsführung erwarten läßt. Die Prüfungsberichte sind demgemäß bestimmt für die jeweiligen Aufsichtsbehörden des Unernehmenszweiges (vgl. §§ 27 KWG, 57 VAG, 9 OLSchVO), denen eine Überwachung der Geschäftstätigkeit obliegt. In den betr. Einzelregelungen wird in der Regel auf die Vorschriften des AktG über die Durchführung der Abschlußprüfung verwiesen, in keinem Fall aber ist eine analoge Anwendung des § 136 II AktG vorgesehen. Die nach dieser Vorschrift der Minderheit zustehenden Rechte gegen die Wahl eines untragbaren Prüfers stehen vielmehr der Aufsichtsbehörde selbst zu. Nach § 28 KWG und § 9 OLSchVO kann die Aufsichtsbehörde, wenn die GV ihr nicht tragbar erscheinende Prüfer bestellt hat, beim Registergericht die Bestellung anderer Personen beantragen.

6. Das Anfechtungsrecht des § 198 II AktG

Gem. § 198 II AktG kann eine Anfechtung eines HV-Beschlusses, die auf einen Verstoß von Gesetz oder Satzung durch zu hohe Abschreibungen, Wertberichtigungen, Rücklagen oder Rückstellungen gestützt wird, nur von Aktionären mit einem Anteil von 5 % des Grundkapitals erhoben werden. Diese Vorschrift stellt eine Einschränkung der sonst im Aktienrecht gegebenen Anfechtungsbefugnis für jeden Aktionär ohne Rücksicht auf seinen

[55]) Von der allgemeinen Ermächtigung des § 42 a GmbHG (eingefügt durch Ges. v. 3. 6. 37) zur Anordnung von Pflichtprüfungen für GmbH, deren Fortgeltung unter dem Grundgesetz bezweifelt wird (Schmidt bei Hachenburg § 42 a Anm. 1), ist nur in einem Fall Gebrauch gemacht worden: Einführung der Prüfungspflicht für Bank- und Sparkassen-GmbH durch VO v. 7. 7. 37 (RGBl. I S. 763), aufgehoben durch § 27 KWG.

Anteil am Grundkapital dar. Eine analoge Anwendung auf die GmbH ist aus folgenden Gründen zu verneinen.

Für das GmbH-Recht ist eine Regelung der Anfechtbarkeit von GV-Beschlüssen nicht getroffen. Die Möglichkeit der Anfechtung ergibt sich vielmehr aus allgemeinen Grundsätzen[56]. Das Recht zur Erhebung einer Nichtigkeitsklage oder zur Anfechtung eines fehlerhaften Beschlusses ist ein allgemeines Institut des Rechts der Korporationen, es findet sich nicht nur im Aktienrecht, sondern auch im Genossenschaftsgesetz, §§ 51 ff., und wird auch im Vereinsrecht anerkannt[57]. Die ganz überwiegend angenommene Anwendung der Anfechtungsvorschriften des AktG für die GmbH beruht somit auf der gemeinsamen körperschaftlichen Struktur von AG und GmbH[58].

Auf diesem Wege der Rechtsanalogie sind jedoch nur die Grundsätze über die Anfechtung, nicht aber die aktienrechtlichen Spezialvorschriften anwendbar[59]. Die Feststellung des Jahresabschlusses, die bei der AG normalerweise durch den Vorstand und AR vorgenommen wird, § 125 AktG, so daß § 198 II AktG somit praktisch kaum Bedeutung hat[60], obliegt dagegen bei der GmbH der GV gem. § 46 Z. 1 GmbHG. Eine Anwendung des § 198 II AktG „läßt sich mit der Struktur der GmbH, die jedem Gesellschafter, mag er auch weniger als 1/20 des Stammkapitals besitzen, ein stärkeres Einflußrecht auf die Gesellschaft einräumt, als dies für den Aktionär der Fall ist, nicht vereinbaren“[61].

III. Die Schaffung neuer Minderheits- oder Individualrechte als Reformaufgabe

1. Das Schutzbedürfnis des GmbH-Gesellschafters

Das Bedürfnis nach einer gesetzlichen Normierung neuer Verwaltungsrechte des GmbH-Gesellschafters in Form von Minderheits- oder Individualrechten wird allgemein bejaht[62]. So wird die Einführung eines Auskunftsrechts, des Rechts auf Sonderprüfung, des Rechts zur Erzwingung der Geltendmachung von Ersatzansprüchen zusätzlich zu den bereits bestehenden Minderheitsrechten verlangt.

Von Schmidt und Feine wird das Bedürfnis nach neuen Minderheits- oder Individualrechten zum Teil aus folgender Erwägung verneint[63]: Eine Min-

---

56) So die Amtl. Begründung GmbHG S. 96.
57) Staudinger-Coing § 32 Anm. 21.
58) Vgl. Schmidt in Hachenburg § 45 Anm. 16 ff.; Scholz § 45 Anm. 16 ff.; BGH 11, 235; 14, 25; 14, 268; 15, 382.
59) So die Rspr. für den Fall der Befristung der Anfechtungsmöglichkeit: BGH 11, 240 und HansOLG BB 53, 157.
60) Warrikoff in AG 63, 34.
61) Ebenda S. 37.
62) Hachenburg in LZ 1909 Sp. 15; Neukamp in DJT 1912, II. Bd. S. 221; Pietreich ebenda S. 314; Liebmann in ZHR 73, 28; Schwab S. 76; Knur DNotZ 61, 229; Hueck, Reform S. 2; einschränkend: Feine S. 509; Römer Notartag S. 57.
63) Schmidt in Hachenburg § 46 Anm. 55; Feine S. 514.

derheit von GmbH-Gesellschaftern habe anders als etwa im österreichischen Gesetz die Möglichkeit der Auflösungsklage gem. § 61 GmbHG. Dieses Recht sei in der Hand der Minderheit ein starkes Druckmittel, welches die Mehrheit geneigt machen werde, den Wünschen der Minderheit entgegen zu kommen, wenn sie nicht die Auflösung der Gesellschaft durch eine benachteiligte Minderheit riskieren wolle. Das Minderheitsrecht des § 61 sei ein „Korrektiv" für die sonst etwa im Vergleich zu den weitergehenden Minderheitsrechten des österreichischen GmbHG (Sonderprüfung, Verfolgung von Ersatzansprüchen) im deutschen Gesetz fehlenden Rechte der Minderheit.

Gegen diese Auffassung sind starke Bedenken geltend zu machen. Die Möglichkeit, die Auflösung der GmbH zu betreiben, ist zwar eine starke Drohung der Minderheit. Zu bedenken aber ist, daß die Auflösung nicht etwa willkürlich von der Minderheit verlangt werden kann, es bedarf dazu des „wichtigen Grundes", der in den Verhältnissen der Gesellschaft vorliegen muß. Nicht immer führt die Ablehnung eines Minderheitsbegehrens zu einem Zustand, „der die gedeihliche Entwicklung der GmbH für absehbare Zeit ausgeschlossen erscheinen läßt"[64]. Selbst aber wenn dies im konkreten Fall gegeben sein sollte, so ist die sich benachteiligt fühlende Minderheit mit dem Risiko und der Beweislast dieser auf einer Generalklausel gestützten Klage belastet. Die Auflösungsklage ist zudem als „letztes Mittel" anzusehen, so daß vielfach der klagende Gesellschafter auf die Möglichkeit des eigenen Austritts aus der GmbH zu verweisen sein wird. Macht eine Minderheit oder ein Minderheitsgesellschafter von der Auflösungsklage Gebrauch, so kann er damit nicht die gegen die Mehrheit begehrte Maßnahme durchsetzen. Ist sein Auflösungsverlangen von Erfolg gekrönt, so vernichtet er vielmehr die Basis der Gesellschaft selbst. Statt eine Maßnahme im Interesse der Gesellschaft zu erzwingen, vernichtet er die GmbH mit allen auch für ihn nachteiligen Folgen. Im Regelfall wird daher der Minderheitsgesellschafter lieber auf die von ihm begehrte Maßnahme verzichten und sich mit einer Schädigung abfinden.

Die grundsätzliche Entscheidung, ob der einzelne GmbH-Gesellschafter eines Schutzes durch Statuierung weiterer Minderheits- bzw. Individualrechte bedarf, ist aus der Struktur der GmbH abzuleiten. Das Schutzbedürfnis des einzelnen Mitgliedes einer Gesellschaft ist je nach der Form der gesellschaftlichen Zusammenarbeit verschieden.

Bei der OHG bestimmen die Gesellschafter die Geschicke der Gesellschaft völlig allein, sie verkörpern diese. Es bestehen keine anderen Gesellschaftsorgane, von deren Willen die Gesellschafter der OHG in irgendeiner Weise abhängig wären. Der Gegensatz zwischen Mehrheit und Minderheit ist innerhalb der Gesellschaft, jedenfalls nach dem gesetzlichen Normalstatut der OHG, nicht existent. Es besteht zwar Geschäftsführungsbefugnis für jeden der Gesellschafter allein, bei allen über die normale Geschäftsführung hin-

---

[64]) Scholz § 61 Anm. 12.

ausgehenden Maßnahmen aber ist gem. § 116 II HGB ein einstimmiger Beschluß aller Gesellschafter erforderlich. Auch bei gewöhnlichen Geschäften hat jeder Gesellschafter nach § 115 HGB ein Widerspruchsrecht.

Ein besonderer gesetzlicher Schutz des einzelnen Gesellschafters gegen die Macht der Verwaltung oder die Macht der Mehrheit der Gesellschafter ist daher schon aus der Grundstruktur der OHG unnötig, der einzelne Gesellschafter hat alle nur möglichen und denkbaren Rechte.

Anders ist die Lage bei der AG. Hier wird die Gesellschaft geleitet von einem eigenverantwortlichen Vorstand; die Aktionäre haben im Grundsatz keinen Einfluß auf die laufende Geschäftsführung. Von dem ursprünglichen Mitwirkungsrecht und der Mitwirkungspflicht an der Geschäftsführung bei der BGB-Gesellschaft und der OHG ist dem Aktionär nur ein sehr geringes Bestimmungsrecht geblieben[65]. Nicht er ist mehr Träger der Rechte und Pflichten, sondern die von ihm losgelöste juristische Person der AG. Die ihm verbleibenden Rechte stehen weiter unter dem Prinzip der Mehrheitsherrschaft. Eine gesetzliche Fürsorge für den Aktionär, die ihm wenigstens ein Minimum an Schutz gewährt, ist deshalb zwingend geboten.

Bei der GmbH sind die Gesellschafter nicht so eng der Gesellschaft verbunden wie die der OHG, aber doch wesentlich stärker als bei der AG. Es besteht zwar ein besonderes zwingendes Geschäftsführungsorgan. Ein Katalog von Entscheidungen ist aber den Gesellschaftern selbst vorbehalten. Darüber hinaus hat der Geschäftsführer der GmbH nur eine geringe gesetzlich zwingende Kompetenz, seine Stellung ist mehr die eines Angestellten, der von den Weisungen, Aufträgen und Entscheidungen der GV abhängig ist. Das gleiche Element der Mitwirkung der Gesellschafter kommt auch in der Überwachung der Geschäftsführung zum Ausdruck, Anders als bei der AG liegt diese primär bei den Gesellschaftern.

Im Verhältnis unter den Gesellschaftern herrscht zwar formal auch das Mehrheitsprinzip wie bei der AG. Dieses ist aber durch die persönliche Verbundenheit der Gesellschafter in der Rechtswirklichkeit gegenüber der AG verändert. Anders als bei dieser ist in dem überschaubaren Rahmen der GV eine sachgerechte Diskussion und ein Eingehen auf die Argumente des einzelnen möglich.

Grundsätzlich kann daher gesagt werden, daß der GmbH-Gesellschafter zwar eines gesetzlichen Schutzes bedarf, daß dieser aber nicht in dem Maße ausgearbeitet sein muß wie bei der AG. Die Gestaltungsfreiheit und das Prinzip der Abdingbarkeit braucht bei der GmbH nicht der gesetzlichen Fürsorge und dem Schutz des einzelnen in jedem Fall zu weichen[66].

2. Das Auskunftsrecht

Das für das geltende Recht von der Rechtsprechung und Lehre anerkannte, beschränkte Auskunftsrecht des GmbH-Gesellschafters ist bereits behandelt

---

[65]) Küster S. 38 ff.
[66]) Römer Notartag S. 56 f.

worden (siehe S. 30f). Die Notwendigkeit der Stärkung der Rechtsstellung des GmbH-Gesellschafters durch Einführung eines gesetzlichen Auskunftsrechts ist im allgemeinen anerkannt[67]. Die Forderung nach einer gesetzlichen Regelung des Auskunftsrechts ist schon bald nach dem Erlaß des GmbHG erhoben worden und seither nicht mehr verstummt.

Das Auskunftsrecht des Gesellschafters kann als allgemeiner Grundsatz des Gesellschaftsrechts angesehen werden. Auskunftsrechte haben eine gesetzliche Normierung für die BGB-Gesellschaft, § 716 BGB, für die OHG, § 118 HGB, für die KG, § 166 HGB, für die Stille Gesellschaft, § 338 HGB und für die AG, § 112 AktG (§ 125 RegEntw.z.AktG) gefunden. Für den Verein des BGB wird ein solches — allerdings in sehr beschränktem Umfang[68] — ebenso wie für die Genossenschaft[69] bejaht.

Aus diesem Überblick zeigt sich, daß bei allen Formen der Personengemeinschaften dem Mitglied die Befugnis zusteht, von den für die Verwaltung zuständigen Personen Auskünfte über die gemeinsamen Angelegenheiten zu verlangen. Seine Grundlage findet dieses Recht letzten Endes in der Mitgliedschaft an der Gemeinschaft und den sich daraus ergebenden Mitwirkungs- und Teilnahmerechten.

Je nach der Art der Gemeinschaft stehen dem Mitglied die verschiedensten Einzelbefugnisse und damit auch ein modifiziertes Auskunftsrecht zu. Innerhalb dieser Skala mehr oder weniger abgeschwächter Auskunftsrechte, die bei der BGB-Gesellschaft und der OHG mit einem umfassenden Auskunfts- und Kontrollrecht beginnt, bei der KG für den Kommanditisten ein bereits wesentlich eingeschränktes Auskunftsrecht vorsieht und bei den Körperschaften, Verein und AG, mit einem eng begrenzten Fragerecht endet, ist der Standort des GmbH-Gesellschafters zu finden.

Aus dem Wesen der GmbH als Personengesellschaft und aus der Allzuständigkeit der Gesellschafter in ihrer Gesamtheit als oberstes Willensorgan ergibt sich als Grundsatz, daß ein möglichst umfassendes Auskunfts- und Kontrollrecht des einzelnen Gesellschafters zu gewähren ist. Nur ein solches im Umfang dem des OHG-Gesellschafters ähnliches Recht wird der Stellung des Gesellschafters bei der GmbH gerecht[70].

Dieses Auskunftsrecht ist in Erweiterung des herrschenden Rechtszustandes grundsätzlich immer zu gewähren, d. h. es ist nicht von bestimmten Voraussetzungen abhängig zu machen[71]. Angesichts der geringen Gesell-

---

67) De lege ferenda wird das Auskunftsrecht gefordert von: Hachenburg in LZ 1909, 36; Neukamp 31. DJT II S. 231; Pitreich ebenda S. 321; Fränkel S. 283; Molitor S. 62; Feine S. 508; Schwab S. 75; C. Fischer S. 127; Schilling JZ 55, 49; Römer Notartag S. 66. Außerdem die in Anm. 111 S. 30 angegebenen Autoren.

68) Müller-Erzbach, Prüfstein S. 209, 251; Stauding-Coing § 32 Bem. 18.

69) Paulick S. 244; Lang-Weidmüller § 43 Bem. 1; Schnorr v. Carolsfeld ZgGenW 9, 50; verneinend Meyer-Meulenbergh § 43 Bem. 6 a. Im Referentenentwurf zum Genossenschaftsgesetz erhält das Auskunftsrecht des einzelnen Genossen in § 91 eine gesetzliche Normierung.

70) Amt. Begründung Entw. GmbHG 1940 S. 61.

71) Wobei es selbstverständlich ist, daß es nicht etwa zur Unzeit geltend gemacht werden kann; so ausdrücklich § 77 Entw. GmbHG 1940.

schafteranzahl ist es auch gerechtfertigt, über das einfache Fragerecht hinaus wie bei der OHG ein Einsichtsrecht in die Bücher der Gesellschaft zu gewähren[72].

Schwab und C. Fischer wollen das Auskunftsrecht nicht jedem Gesellschafter, sondern nur einer bestimmten Minderheit zubilligen[73]. Diese Auffassung ist abzulehnen. Es kommt hier wieder die irrige Vorstellung von der zahlenmäßig großen GmbH zutage, die schon den Gesetzgeber bei der Abfassung des geltenden Rechtes von einer Normierung von Individualrechten abhielt[74].

Von anderer Seite wird gegen eine Ausdehnung des Auskunfts- und Kontrollrechts des einzelnen Gesellschafters geltend gemacht, daß dadurch für Wettbewerber der Gesellschaft die Möglichkeit geschaffen werde, sich über die Verhältnisse des betriebenen Unternehmens zu unterrichten[75]. Dieser Gesichtspunkt ist nicht stichhaltig. Zunächst kann die Gesellschaft das Eindringen unerwünschter Gesellschafter (Konkurrenten) durch das legitime Mittel der Vinkulierung der Anteile verhindern. Zum anderen aber ist der Ausgangspunkt dieser Kritik unrichtig. Man kann nicht das Institut des Auskunftsrechts als ganzes abschaffen wollen, weil in einigen Fällen damit auch ein Mißbrauch getrieben werden könnte. Gegen den Mißbrauch sind besondere Vorkehrungen zu treffen, im Regelfall aber, und die Mitgliedschaft von Konkurrenten dürfte nicht der Normalfall sein, geht es nicht an, die Gesellschafter einerseits an die Gesellschaft zu binden und sie andererseits über die Geschicke der Gesellschaft, die auch die ihren sind, im dunkeln zu lassen[76].

Ein Schutz gegen Mißbrauch des Auskunfts- und Einsichtsrechts ist anders als in der gesetzlichen Fassung des Auskunftsrechts des OHG-Gesellschafters notwendig, da die GmbH körperschaftlichen Charakter hat. Das Problem des Schutzes vor einem Mißbrauch des Auskunftsrechts ist Gegenstand vielfältiger Erörterungen. Es handelt sich darum, zu verhindern, daß auf Grund des Fragerechts Tatsachen über das Unternehmen bekannt werden, die diesem schaden könnten, weil es sich um betriebsinterne Vorgänge handelt oder

---

72) Hachenburg LZ 1909 Sp. 36; Pitreich 31. DJT II S. 321; so auch der Entw. GmbHG 1940 in § 77 I, 1: „Jedem Gesellschafter ist auf Verlangen Auskunft über die Angelegenheiten der Gesellschaft zu erteilen und die Einsicht in die Bücher und Schriften der Gesellschaft zu gestatten." Vgl. auch § 22 österreich. GmbHG, der ein unentziehbares Recht des einzelnen Gesellschafters enthält, vor der Beschlußfassung über den Rechnungsabschluß Einblick in die Bücher der Gesellschaft zu nehmen.

73) Schwab S. 76 und C. Fischer in § 71 seines Entwurfes (S. 127 f.), wonach Gesellschafter, deren Anteile zusammen den 10. Teil des Stammkapitals erreichen, berechtigt sind, die Bücher einzusehen.

74) Amtl. Begründung zum GmbHG S. 98: „Das Recht zur Kontrolle der Geschäftsführung und die hierzu nötige Befugnis zur jederzeitigen Revision der Bücher, Schriften und Bestände der Gesellschaft kann im Gesetz nicht den einzelnen Gesellschaftern als solchen eingeräumt werden. Ein solcher Rechtszustand wäre mit einem geordneten Geschäftsgange nicht vereinbar, falls es sich nicht um Gesellschaften mit ganz geringer Mitgliederzahl handelt."

75) Neukamp LZ 09, 421; Liebmann ZHR 73, 21 f.

76) Molitor S. 62.

weil sie Geschäftsgeheimnisse betreffen. Es stehen sich dabei die Interessen der Verwaltung, die auf Erhaltung und Sicherung des Unternehmens gerichtet sind, und auf der anderen Seite das ebenso legitime Interesse der Gesellschafter an umfassender Unterrichtung gegenüber. Da die Interessenabwägung immer nur an Hand des konkreten Einzelfalles vorgenommen werden kann, sich also eine kasuistische gesetzliche Regelung schlechthin verbietet, spitzt sich die Frage darauf zu, wer im Einzelfall entscheidet, welches Interesse vorrangig ist.

Unbefriedigend, weil einseitig, löst § 112 AktG das Problem. Ob die Beantwortung einer bestimmten Frage gegen die überwiegenden Belange der Gesellschaft verstößt, entscheidet nach pflichtgemäßem Interesse der Vorstand, also die gleiche Stelle, die zur Auskunftserteilung verpflichtet ist. Der Vorstand der AG ist somit als Richter in eigener Sache tätig, was noch dadurch verstärkt wird, daß das etwa vom auskunftsbegehrenden Aktionär angerufene Gericht die Entscheidung des Vorstandes nicht sachlich nachprüfen darf, sondern auf eine Ahndung eines Ermessensmißbrauches beschränkt ist[77].

In der Reformdiskussion — vornehmlich zum Aktienrecht — hat es an Versuchen, andere Träger der Entscheidung zu finden, nicht gefehlt. Gessler schlägt vor, die Berechtigung des Auskunftsverlangens durch den Abschlußprüfer feststellen zu lassen[78]. Hiergegen wendet sich Neubert aus der Sicht des Wirtschaftsprüfers. Statt des Abschlußprüfers soll für diese Entscheidung nach seinem Vorschlag ein noch zu schaffender und mit eigenen Befugnissen ausgestatteter besonderer Minderheitsvertreter zuständig sein[79].

C. E. Fischer endlich hält diese beiden Vorschläge für untragbar und bringt stattdessen den AR als entscheidendes Organ ins Spiel[80]. Der Referentenentwurf zum AktG sieht in § 122 vor, daß ein Auskunftsverlangen vom Vorstand jederzeit abgelehnt werden kann, es sei denn, ein Zehntel der anwesenden Aktionäre, höchstens jedoch 25, unterstützten das Auskunftsverlangen. Auch in diesem Fall kann der Vorstand die Auskunft noch verweigern, aber nur bei ganz bestimmten gesetzlichen Voraussetzungen, § 122 IV Z. 1—5. Gegen diese Regelung wendet sich Reinicke[81]. Er hält die Forderung nach der Unterstützung von 25 Aktionären für unpraktikabel und will stattdessen eine Unterstützung des Auskunftsbegehrens durch 1 % des vertretenen Kapitals, höchstens jedoch eines Nennbetrages von 100 000,— DM genügen lassen.

Der Regierungsentwurf zum Aktiengesetz sieht in § 126 eine weitere Möglichkeit vor. Hiernach entscheidet darüber, ob der Vorstand eine bestimmte Auskunft zu geben hat, auf Antrag das Gericht. Nur auf diese

---

[77]) Schmidt-Meyer-Landrut in GroßKomm. zum AktG § 112 Anm. 8; Schlegelberger-Quassowski § 112 Anm. 9.
[78]) Gessler DB 57, 1257.
[79]) Neubert DB 58, 704.
[80]) C. E. Fischer DB 58, 1263.
[81]) Reinicke in Beitr. zur Aktienrechtsreform S. 123.

Weise sieht die amtliche Begründung[82] eine objektive und unparteiische Prüfung des Auskunftsverlangens als gewährleistet an.

Für den Bereich des GmbH-Rechts sind die ersteren drei Vorschläge schlechthin zu verwerfen. Dem AR kann bei der GmbH die Entscheidung nicht übertragen werden, weil dieser nicht zwingend vorgeschrieben ist. Das gleiche gilt für die Abschlußprüfer. Die Einrichtung eines besonderen Minderheitsvertreters endlich entspricht nicht dem Aufbau der GmbH und ist angesichts der persönlichen Verhältnisse unter den Gesellschaftern unzweckmäßig. Die Unterstützung des Auskunftsbegehrens durch eine Anzahl von Mitgesellschaftern ist angesichts der beschränkten Zahl der Mitglieder für die GmbH nicht zu befürworten. Gegen den Vorschlag von Reinicke, der auf die Konstruktion eines Minderheitsrechts auf Auskunft hinausläuft, sprechen die oben hierzu erhobenen Bedenken.

Für die GmbH bleiben somit als Organe, die mit der Entscheidung beauftragt werden könnten, der Geschäftsführer, die GV und das Gericht übrig. Der Entwurf des Reichsjustizministeriums zum GmbHG von 1940 hat sich in Anknüpfung an das Aktiengesetz von 1937 für die erste Möglichkeit entschieden[83]. Hiergegen sprechen die gleichen grundsätzlichen Bedenken wie gegen die Regelung des Aktiengesetzes. Hinzu kommt, daß bei der GmbH der Geschäftsführer nicht eine dem Vorstand der AG vergleichbare Stellung hat. Ersterer verfügt nicht über eine ausgedehnte eigene Kompetenz, sondern ist abhängig von den Gesellschaftern in ihrer Gesamtheit. Die Entscheidung über das Auskunftsbegehren würde dem Geschäftsführer eine ausschließliche Zuständigkeit zubilligen, die seiner Stellung nicht entspricht.

Das richtige Organ der GmbH, das zu einer Abwägung der Interessen der Gesellschaft mit jenen des Einzelgesellschafters berufen ist, ist die Gesellschafterversammlung. Diese ist als Zusammenfassung der Gesellschafter und als Träger der Gesellschaft überhaupt hierzu funktionell bei der GmbH allein zuständig. Gegen eine solche Entscheidung durch die Teilhaberversammlung sind von Gessler[84] zwei Bedenken für den Bereich des Aktienrechts erhoben worden. Der Einwand, daß die HV sachlich nicht zu einer solchen Entscheidung qualifiziert sei, trifft für die GmbH-Gesellschafter wegen der zur AG unterschiedlichen Stellung und Mitarbeit der Gesellschafter nicht zu. Schwerwiegender ist der zweite Einwand: Durch eine Entscheidungsbefugnis der Teilhaberversammlung würde das Individualrecht in ein „Mehrheitsrecht" umgewandelt, da die Ausübung des Auskunftsrechts dann von dem Mehrheitswillen abhängig wäre. Da die Entscheidung über die Berechtigung des Auskunftsverlangens der „Prüfstein" des Auskunftsrechtes ist, würde dieses durch eine Mehrheitsentscheidung der GV praktisch beseitigt werden

[82]) Amtl Begründung z. RegEntw. AktG S. 157.

[83]) Nach § 77 III Entw. GmbHG 1940 „dürfen die Auskunft und die Einsicht" (in die Bücher) „verweigert werden, soweit überwiegende Belange der Gesellschaft oder eines beteiligten Unternehmens oder der gemeine Nutzen von Volk und Reich es fordern. Ob diese Voraussetzungen vorliegen, entscheiden die Geschäftsführer nach pflichtmäßigem Ermessen".

[84]) Gessler DB 57, 1255.

können und der einzelne Gesellschafter wäre wiederum wie nach dem Gesetz von 1892 auf die Zustimmung der Mehrheit angewiesen.

Fraglich ist jedoch, ob auf Grund dieser Bedenken die Kompetenz der GV ganz beseitigt werden soll. In diesem Fall bliebe nur die Entscheidung durch das Gericht. Auch hiergegen erheben sich Einwände. Es entspricht nicht der persönlichen Zusammenarbeit der Gesellschafter in der GmbH und deren engem persönlichen Verhältnis, die Entscheidung über Gesellschaftsangelegenheiten schlechthin dem Gericht anzuvertrauen. Die Rechtslage ist insoweit verschieden von der bei der AG, was schon für das bestehende Recht vom Gesetzgeber z. B. in der Regelung des Einberufungsrechts des § 50 GmbHG anerkannt ist. Während sonst bei der AG, der Genossenschaft, dem Verein das Gericht die Ermächtigung zur Einberufung der Teilhaberversammlung durch die Minderheit auszusprechen hat, kann bei der GmbH die Minderheit diese selbst ohne Einschaltung des Gerichts vornehmen.

Den grundsätzlichen Bedenken, die beiden Lösungsmöglichkeiten entgegenstehen, läßt sich nur durch eine Kombination beider Rechnung tragen. Wenn die GV zunächst über die Berechtigung eines Auskunftsverlangens zu entscheiden hat, falls der Geschäftsführer Bedenken hat, diese zu erteilen, so ist damit die grundsätzliche Stellung der GV gewährt. Um aber durch diese Kompetenz der GV das Auskunftsrecht nicht zu einem Mehrheitsrecht werden zu lassen, ist die Möglichkeit einer gerichtlichen Nachprüfung auf Antrag des auskunftsbegehrenden Gesellschafters erforderlich. Die Prüfung durch das Gericht hätte sich entgegen der jetzigen Regelung im Aktienrecht nicht auf die Nachprüfung von Ermessensverstößen zu beschränken, sondern müßte, um wirksam zu sein, eine volle sachliche Prüfung umfassen.

Die hier gefundene Lösungsmöglichkeit scheint kompliziert zu sein. Es ist jedoch zu bedenken, daß die GV nicht einen schwerfälligen Apparat darstellt wie die HV der AG, sondern in der Regel nur aus wenigen Gesellschaftern besteht, die häufig und ohne besonderen Aufwand zusammentreten. Durch die Pflicht der GV, über die Bedenken des Geschäftsführers zu entscheiden und durch die Scheu, Gesellschaftsinterna vor das Gericht zu bringen, wird ein heilsamer Zwang zur gütlichen Einigung ausgeübt, so daß in der Mehrzahl der Fälle eine Anrufung des Gerichts gar nicht erforderlich sein wird.

3. Das Recht auf Sonderprüfung

Zu prüfen ist, ob neben dem Auskunfts- und Einsichtsrecht jedes Gesellschafters noch ein Recht auf Durchführung einer Sonderprüfung von bestimmten Vorgängen als Minderheits- oder Individualrecht für ein neues GmbHG zu fordern ist. Die Einführung einer Sonderprüfung für die Minderheit wird von Feine[85], Hachenburg[86], Neukamp[87], Pitreich[88], Liebmann[89],

85) Feine S. 508.
86) Hachenburg LZ 1909 Sp. 36.
87) Neukamp 31. DJT II S. 231.
88) Pitreich ebenda S. 323.
89) Liebmann ZHR 73, 28.

Fränkel[90] und Molitor[91] vorgeschlagen. Dieser Ansicht ist auch der Entwurf zum GmbHG von 1940 gefolgt. Nach § 79 des Entwurfes kann jeder Gesellschafter verlangen, daß zur Prüfung von Vorgängen bei der Gründung oder der Geschäftsführung Prüfer bestellt werden. Wird diesem Verlangen nicht entsprochen, so kann auf Antrag eines Gesellschafters das Registergericht die Prüfer bestellen. Die Voraussetzung dieses Antrages und die Durchführung der Sonderprüfung sind weitgehend aus dem Aktiengesetz entnommen worden[92].

Zweifelhaft ist, ob für die Einführung dieses Instituts wirklich ein Bedürfnis besteht. Das Recht, eine Sonderprüfung zu verlangen, ist inhaltlich als gesteigertes Auskunftsrecht anzusehen[93]. Dieses „gesteigerte Auskunftsrecht" dient in der AG dazu, der Minderheit Einblick in bestimmte Vorgänge der Geschäftsführung zu geben. Notwendig ist dort die gesetzliche Normierung der Sonderprüfung, weil das Auskunftsrecht des Aktionärs auf ein bloßes Fragerecht zu Punkten der Tagesordnung der HV beschränkt ist, § 112 AktG, ähnlich § 125 RegEntw. AktG. Für den Aktionär bzw. die Aktionärsminderheit besteht außer durch die Sonderprüfung keine Möglichkeit, sich aus den Büchern der Gesellschaft zu unterrichten. Ein Einsichtsrecht steht ihm nicht, auch nicht wie dem GmbH-Gesellschafter bei wichtigem Grunde, zu.

Der Zweck der Sonderprüfung ist bei der GmbH nicht gegeben, wenn das bisher anerkannte Büchereinsichtsrecht des einzelnen Gesellschafters erweitert wird, es also immer und nicht nur bei Vorliegen eines wichtigen Grundes geltend gemacht werden kann. Schon für das geltende Recht wird teilweise angenommen, daß das Büchereinsichtsrecht des Gesellschafters kein höchstpersönliches sei, sondern daß der Gesellschafter sich zu seiner Unterstützung auch eines Sachverständigen bedienen dürfe[94]. Da man diese Befugnis richtigerweise auch für das kommende Recht zu bejahen haben wird, besteht für den Gesellschafter der GmbH die Möglichkeit der umfassenden Information und jederzeitigen Prüfung der Geschäftsführung, ohne das es dazu des Rechtsinstituts der Sonderprüfung bedarf.

Die Möglichkeit der Sonderprüfung ist auch für das Aktienrecht nicht unbestritten. Forster schildert eindringlich die Nachteile der gesetzlichen Regelung, die dazu geführt haben, daß von der Sonderprüfung außerordentlich selten Gebrauch gemacht wird[95]. Nicht zu verkennen sind die Nachteile, die einer Gesellschaft im Geschäftsleben allein durch die Anordnung einer Sonderprüfung, mag diese auch nach dem Ergebnis unbegründet gewesen sein, erwachsen können.

---

[90]) Fränkel S. 281.
[91]) Molitor S. 62.
[92]) Amtl. Begründung zum Entw. GmbHG 1940 S. 62.
[93]) Schmidt in Hachenburg § 45 Anm. 55 a.
[94]) Schmidt in Hachenburg § 45 Anm. 56 b; Baumbach-Hueck GmbHG § 45 Anm. 2 G; Scholz § 45 Anm. 2; RG DR 1942, 246 für den Fall der satzungsmäßigen Festlegung eines Büchereinsichtsrechts.
[95]) Forster in AG 62, 233.

Das Institut der Sonderprüfung entspricht weiter mit seinem Aufwand und der komplizierten Durchführung (Verlangen der Minderheit in der HV, bei Ablehnung Antrag an das Gericht, Beibringung von Verdachtsgründen durch die Minderheit, Hinterlegung der Aktien, gerichtliches Verfahren unter Anhörung von Vorstand und AR, Auswahl der Prüfer, Prüfung, schriftlicher Prüfungsbericht, Kostenreglung) nicht den einfacheren Verhältnissen bei der GmbH. So betont Gellis für das österreichische Recht, welches die Sonderprüfung als Minderheitsrecht in den §§ 45 ff öst. GmbHG vorsieht, daß dieses Institut nur für GmbH mit kapitalistischem Aufbau angezeigt sei und die Anwendung dieses Minderheitsrechts sehr selten sei[96].

4. Das Recht auf Geltendmachung von Ersatzansprüchen der Gesellschaft

In § 84 I bestimmt der Entwurf des Reichsjustizministeriums zum GmbHG von 1940, daß Ansprüche der Gesellschaft aus der Gründung oder aus der Geschäftsführung gegen die Geschäftsführer und die Mitglieder des AR geltend gemacht werden müssen, „wenn eine Minderheit es verlangt, deren Stammanteile zusammen den 10. Teil des Stammkapitals erreichen". Weigert sich die Gesellschaft, diesem Verlangen nachzukommen, so kann gem. § 84 II das Registergericht mit der Führung des Rechtsstreits die von der Minderheit bezeichneten Personen betrauen. Die gleiche Minderheit kann gem. § 84 IV einen Verzicht oder Vergleich der Gesellschaft über Ansprüche, deren Geltendmachung von der GV beschlossen oder von der Minderheit verlangt worden ist, durch ihren Widerspruch verhindern.

Der Entwurf zum GmbHG von 1940 hält sich bei der Einführung dieses für die GmbH neuen Rechts eng an die Vorlage des Aktiengesetzes (§§ 123 ff AktG). Von der Konstruktion als Minderheitsrecht weicht der Entwurf in § 86 nur für einen Sonderfall ab: Sind in einem auf Grund einer Sonderprüfung erstatteten Prüfungsbericht Tatsachen festgestellt, aus denen sich Ersatzansprüche gegen die Gründer oder die Geschäftsführer ergeben, „so müssen die Ansprüche auf Verlangen eines jeden Gesellschafters geltend gemacht werden".

Die Einführung eines Minderheitsrechts auf Geltendmachung von Ersatzansprüchen wird auch von Neukamp und Pitreich, die die Übernahme des entsprechenden § 48 des österreichischen Gesetzes für wünschenswert halten[97], und von Schwab[98] und Feine[99] sowie von Liebmann[100] gefordert.

Auch bei diesem Minderheitsrecht ist die Frage nach dem Bedürfnis zu stellen. Reicht die bisherige Regelung aus oder sind Mängel festzustellen, die eine Reform erfordern? Wie bereits festgestellt wurde, gibt es im GmbHG kein Minderheits- oder Individualrecht auf Verfolgung von Ersatzansprüchen

---

[96]) Gellis § 45 Anm. 1.
[97]) Neukamp 31 DJT II S. 231; Pitreich ebenda S. 323.
[98]) Schwab S. 76.
[99]) Feine S. 509.
[100]) Liebmann ZHR 73, 23.

gegen Gründer und Geschäftsführer. Gem. § 46 Z. 8 GmbHG unterliegt die Frage, ob Ersatzansprüche geltend gemacht werden sollen, der freien Entscheidung der GV, die dabei mit einfacher Mehrheit beschließt. Diese Konstruktion als „Mehrheitsrecht" erfährt jedoch eine entscheidende Abschwächung durch die Vorschriften über den Ausschluß von Stimmrecht.

Gem. § 47 IV GmbHG ist ein Gesellschafter bei der Beschlußfassung der GV ausgeschlossen, wenn er durch den Beschluß von einer Verbindlichkeit befreit werden soll, oder der Beschluß die Einleitung oder Erledigung eines Rechtsstreits der Gesellschaft mit ihm betrifft. Da in der tatsächlichen Gestaltung 80 % aller Gesellschaften entgegen der gesetzlichen Regelung nach dem Prinzip der Selbstorganschaft aufgebaut sind (siehe S. 19), die Geschäftsführung also in der Hand von Gesellschaftern und nicht in der fremder Personen liegt, ist in der Mehrheit der Fälle der ersatzverpflichtete Geschäftsführer als Gesellschafter von der Beschlußfassung über den Verzicht auf Ansprüche gegen ihn oder über deren Geltendmachung ausgeschlossen. Handelt es sich um Ersatzansprüche gegen einen Gründer der GmbH, so wird dieser, falls er noch Gesellschafter ist, ebenfalls von der Beschlußfassung ausgeschlossen. Ist er bereits aus der GmbH ausgeschieden, so verbleibt es bei dem einfachen Mehrheitbeschluß der GV.

Durch das Ineinandergreifen des Stimmrechtsausschlusses und der tatsächlichen Gestaltung der GmbH wird in der Praxis sehr oft die gleiche Wirkung erreicht werden, wie wenn ein besonderes Minderheitsrecht zur Geltendmachung von Ersatzansprüchen und zur Verhinderung von Verzichten und Vergleichen über diese statuiert wäre. In der Regel wird der Mehrheitsgesellschafter zugleich auch in der Geschäftsführung tätig sein, so daß der Gesellschaftsminorität die Entscheidung über die Erhebung von Ersatzansprüchen gegen diesen allein zusteht[101].

Auf ein weiteres Druckmittel der Minderheit, mit der diese gegebenenfalls die Geltendmachung von Ersatzansprüchen erzwingen kann, weist Schmidt hin[102]. Lehnt die Gesellschaftermehrheit die Verfolgung eines der Gesellschaft zustehenden Ersatzanspruches ohne sachliche Gründe ab, so wird darin u. U. für die Minderheit ein wichtiger Grund zur Erhebung der Auflösungsklage gem. § 61 GmbHG oder zum Austritt aus der GmbH gefunden werden können.

Diese nur auf der tatsächlichen Gestaltung der GmbH beruhende, gegenüber dem Gesetz verstärkte Stellung der Minderheit, genügt jedoch nicht dem Schutzbedürfnis des einzelnen Gesellschafters gegenüber der Mehrheit. Das gilt umso mehr, als von verschiedenen Seiten eine Abänderung der Vorschrift des § 47 IV GmbHG gefordert wird[103].

Das Erfordernis eines Mehrheitsbeschlusses zur Geltendmachung von Ersatzansprüchen birgt die Gefahr in sich, daß sich die Mehrheit schützend vor die meist von ihr eingesetzten oder von ihr abhängigen Verwaltungsmitglieder

---

101) Schmidt in Hachenburg § 46 Anm. 52; KG OLGR 14, 366; KG JW 34, 3074; OLG Nürnberg BB 59, 8.
102) Schmidt in Hachenburg § 46 Anm. 52.
103) C. Fischer S. 120; Entw. GmbHG 1940: § 53 IV, V.

stellt[104]. Der Hinweis, daß im österreichischen GmbHG von dem Minderheitsrecht zur Verfolgung von Ersatzansprüchen nur selten Gebrauch gemacht wird[105], spricht nicht gegen eine entsprechende Regelung im deutschen Gesetz. Schon das bloße Vorhandensein eines Rechts auf Verfolgung von Ersatzansprüchen gegen die Verwaltungsmitglieder stellt einen Schutz der Minderheit dar. Die Möglichkeit, daß einmal diese Rechte ausgenützt werden könnten, wird die Verwaltung zu erhöhter Sorgfalt und Vorsicht zwingen und so eine Präventivwirkung entfalten.

Das Recht zur Verfolgung von Ersatzansprüchen und das Auskunfts- und Einsichtsrecht des Gesellschafters hängen eng zusammen; das eine bedingt das andere. Will man wie hier in Übereinstimmung mit der Entwicklung in Lehre und Rechtsprechung dem Gesellschafter weitgehende Informations- und Kontrollrechte zugestehen, so muß damit eine Regelung auch der Frage der Verfolgung von Ansprüchen aus der Geschäftsführung und Gründung der GmbH verbunden werden. Ein Kontrollrecht ohne die Möglichkeit der Ahndung von Gesetzes- oder Satzungsverletzungen ist seiner Wirkung und seiner Berechtigung weitgehend beraubt.

Zu fragen ist, in welcher Weise nun die Minderheit bzw. der einzelne Gesellschafter Einfluß nehmen können soll auf die Geltendmachung von Ersatzansprüchen. Ein Überblick über die Regelung bei den anderen Gesellschaftsformen zeigt verschiedene Lösungen. Bei der OHG und der BGB-Gesellschaft ist kein entsprechendes Recht für den einzelnen Gesellschafter normiert. Das Recht des Mitgliedes der OHG oder der BGB-Gesellschaft zur Geltendmachung der der Gesellschaft gegen einen Gesellschafter zustehenden Ersatzansprüche aus Verletzung der Geschäftsführungsbefugnis ergibt sich direkt aus der gesellschaftsvertraglichen Verbundenheit der Gesellschafter. Es hat seine Ausprägung in dem Institut der actio pro socio gefunden. Danach kann der einzelne Gesellschafter die Ansprüche der Gesellschaft kraft seiner Mitgliedschaft in dieser im eigenen Namen geltend machen und Leistung an die Gesellschaft verlangen[106]. Für die Genossenschaft fehlt eine Regelung; nach dem Grundsatz des § 43 GenG steht die Beschlußfassung über die Geltendmachung eines Ersatzanspruches gegen Verwaltungsmitglieder der Generalversammlung bzw. bei großen Genossenschaften der Vertreterversammlung, § 43 a GenG, zu, die mit einfacher Mehrheit beschließt. Das Fehlen eines Rechtsbehelfs für die Minderheit läßt sich wohl mit dem im Genossenschaftsrecht herrschenden Prinzip der Pflichtprüfungen erklären, die sich nicht nur auf die Einhaltung von Gesetz und Satzung sondern auch auf die Zweckmäßigkeit und Ordnungsmäßigkeit der Geschäftsführung erstreckt.

Für die AG und den VVaG gilt das schon behandelte Minderheitsrecht gem. §§ 122 ff AktG bzw. §§ 36 VAG, 122 ff AktG. Das Minderheitsrecht

[104]) So auch die Amtl. Begründung zum Entw. GmbHG von 1940, S. 63.

[105]) Gellis § 45 Anm. 1.

[106]) Staudinger-Keßler § 705 Anm. 55 ff.; Fischer in RGRK zum BGB § 705 Anm. 23 ff.; BGH NJW 57, 1358; im einzelnen umstritten.

auf Geltendmachung der Ersatzansprüche bei den Körperschaften entspricht also der actio pro socio bei den Gesamthandsgemeinschaften[107].

Die Einführung eines Minderheitsrechts zur Verfolgung von Ersatzansprüchen ist aus den oben behandelten Gründen nicht zu befürworten. Nicht erst eine bestimmte Minderheit, sondern jeder Gesellschafter der GmbH sollte die Möglichkeit haben, die Verfolgung von Ansprüchen der GmbH gegen Geschäftsführer oder andere Gesellschafter zu erzwingen, bzw. den Verzicht oder Vergleich darüber zu verhindern. Für den Fall, daß die GV dem Verlangen des Gesellschafters nicht entspricht, ist die Frage der Durchsetzbarkeit des Begehrens zu regeln.

§ 122 II AktG und § 84 II des sich hier dem Aktiengesetz anschließenden Entwurfes zum GmbHG von 1940 bestimmen, daß in diesem Fall das Registergericht auf Antrag die von der Minderheit benannten Personen zu Vertretern der Gesellschaft für den Rechtsstreit ernennen kann. Im Gegensatz hierzu können nach dem österreich. GmbHG die Minderheitsgesellschafter die Ansprüche der GmbH selbst und ohne daß sie hierzu einer gerichtlichen Ermächtigung bedürften, geltend machen, § 48 I österr. GmbHG. Der Wortlaut des § 48 I österr. GmbHG („Die der Gesellschaft ... zustehenden Ersatzansprüche können auch von Gesellschaftern, deren Stammeinlagen den 10. Teil des Stammkapitals erreichen, geltend gemacht werden, wenn die Verfolgung dieser Ansprüche für die Gesellschaft durch Beschluß der Gesellschafter abgelehnt ... worden ist") wird dabei von der österreichischen herrschenden Lehre dahin ausgelegt, daß Kläger nicht die Gesellschaft, sondern die Minderheitsgesellschafter sind, diese also nicht als Vertreter der GmbH, sondern im eigenen Namen Erfüllung des Anspruches an die Gesellschaft verlangen[108]. Das Minderheitsrecht entspricht hier also ganz der actio pro socio der Gesamthandsgemeinschaften.

Sowohl die Lösung des Entwurfes zum GmbHG von 1940 wie auch die des österr. GmbHG sind für ein kommendes GmbH-Recht in dieser Form abzulehnen. Die Übernahme der aktienrechtlichen Regelung (Bestellung von Vertretern durch das Gericht) entspricht nicht den kleineren Verhältnissen bei der GmbH. Wie bei dem Einberufungsrecht gem. § 50 GmbHG sollte eine Einschaltung des Gerichts vermieden werden und stattdessen dem einzelnen Gesellschafter ein Selbsthilferecht eingeräumt werden. Der die Verfolgung der Ansprüche begehrende Gesellschafter sollte im Falle der Weigerung durch die GV zwar selbst die Ansprüche der Gesellschaft geltend machen können, dabei aber — und insoweit ist entgegen Pitreich[109], Neukamp[110] und Liebmann[111] die Regelung des österreichischen Gesetzes abzulehnen — nicht im eigenen Namen, sondern als Vertreter der GmbH auftreten. Die Bestimmung des § 48 I österr. GmbHG berücksichtigt nicht die Interessen des

107) Hueck, OHG S. 166 FN 21.
108) Gellis § 48 Anm. 3 m. w. Nachw.
109) Pitreich 31. DJT II S. 323.
110) Neukamp ebenda S. 221.
111) Liebmann ZHR 73, 23, der ebenso wie Pitreich und Neukamp eine Übernahme des § 48 österr. GmbHG fordert.

ersatzverpflichteten Geschäftsführers oder Gesellschafters. Dieser ist hiernach, da ein abweisendes Urteil gegen die Minderheitsgesellschafter nicht den Anspruch der Gesellschaft präjudiziert[112], der Gefahr eines zweiten Prozesses ausgesetzt.

Zum Schutz gegen mißbräuchliche Handhabung des Verfolgungsrechts ist eine entsprechende Kostenregelung zu treffen. Im Innenverhältnis sollte der klagende Gesellschafter der Gesellschaft zur Tragung der auf diese entfallenden Kosten des Rechtsstreits verpflichtet werden[113].

Mit der Regelung der Geltendmachung von Ersatzansprüchen ist eine Bestimmung über den Verzicht oder Vergleich der Gesellschaft auf bzw. über die Ansprüche zu verbinden. Wenn die Gesellschaft ohne Einschränkung mit Mehrheitsbeschluß der GV auf Ansprüche verzichten oder sich darüber vergleichen kann, ist dem zu statuierenden Individualrecht auf Verfolgung dieser Ansprüche die Wirkung genommen. Einer beabsichtigten Klage eines Gesellschafters könnte dann ohne weiteres die Grundlage genommen werden.

Im Aktienrecht ist deshalb ein Verzicht oder ein Vergleich über Ersatzansprüche erst 5 Jahre nach deren Entstehen und auch dann nur zulässig, wenn nicht eine Minderheit von 20 % des Grundkapitals widerspricht, § 84 IV, 2 AktG. Hat eine Minderheit von 10 % des Grundkapitals von ihrem Minderheitsrecht gem. § 122 AktG Gebrauch gemacht und die Geltendmachung des Anspruches verlangt, so ist ein Verzicht oder ein Vergleich nur statthaft, wenn von den die Minderheit bildenden Aktionären soviele zustimmen, daß die Aktien der übrigen nicht mehr den nach § 122 AktG erforderlichen Anteil von 10 bzw. 5 % des Grundkapitals erreichen, § 124 AktG. Eine ähnliche Bestimmung enthält § 84 IV des Entwurfes zum GmbHG von 1940.

Während an sich die Gesellschaft ohne Einschränkung auf Ansprüche verzichten oder sich darüber vergleichen kann, ist dies, wenn eine Minderheit deren Geltendmachung verlangt hat, nach dem Entwurf nur zulässig, wenn nicht eine Minderheit von 10 % des Stammkapitals widerspricht.

Diese Regelungen bedeuten die Schaffung eines negativen Minderheitsrechts. Die Minderheit, die die Verfolgung der Ansprüche durchsetzen kann, ist auch in der Lage, durch ihren Widerspruch Verzichte oder Vergleiche zu verhindern. Wendet man diesen Grundsatz auf das zu schaffende Individualrecht zur Geltendmachung von Ersatzansprüchen an, so würde dies das Erfordernis der Einstimmigkeit eines Beschlusses der GV über Verzichte und Vergleiche bedeuten. Damit aber ist den Interessen der Gesellschaft nicht Genüge getan. Ein Vergleich mit einem ersatzverpflichteten Geschäftsführer kann durchaus berechtigt und der GmbH dienlich sein; er darf nicht durch den b l o ß e n Widerspruch eines Gesellschafters verhindert werden. Der Widerspruch eines Gesellschafters gegen einen Vergleich oder einen Verzicht sollte daher nur dann beachtlich sein, wenn der widersprechende Gesellschaf-

---

112) Gellis § 48 Anm. 5.

113) So §§ 123 AktG und 140 IV RegEntw. z. AktG für die Aktionärsminderheit und § 84 III Entw. z. GmbHG 1940. Für das österreichische Recht ist die Tragung der Kosten durch die Minderheitsgesellschafter selbstverständlich, da diese Kläger und nicht Vertreter der GmbH sind.

ter innerhalb einer Ausschlußfrist von z. B. 3 Monaten die Ansprüche gerichtlich geltend macht und so die Ernsthaftigkeit seiner Zustimmungsverweigerung erkennen läßt.

Schrifttumsverzeichnis

Alexander, Die Sonderrechte der Aktionäre, Berlin 1892

Bachmann, Die Sonderrechte des Aktionärs. Mit besonderer Berücksichtigung des deutschen und schweizerischen Rechts, Zürich 1902

Ballerstedt, Kapital, Gewinn und Ausschüttung bei Kapitalgesellschaften, Tübingen 1949

Bauer, Das Wesen der GmbH in wirtschaftlicher Beziehung, in GmbH Rundschau 1920, S. 1.

Baumbach-Duden, Kommentar zum Handelsgesetzbuch, 15. Aufl., München/Berlin 1962

Baumbach-Hueck, Kommentar zum GmbH-Gesetz, 10. Aufl., München/Berlin 1962 (zitiert: Baumbach-Hueck, GmbHG)

Baumbach-Hueck, Kommentar zum Aktiengesetz, 11. Aufl., München/Berlin 1961 (zitiert: Baumbach-Hueck AktG)

Baur, Die Minderheitsrechte der Aktionäre und ihre Reform, Diss. Tübingen 1931

Bergenroth, Ausschluß eines Gesellschafters aus der GmbH, in MDR 1951, S. 721

Böttcher-Meilicke, Umwandlung und Verschmelzung von Kapitalgesellschaften, 5. Aufl., Berlin/Frankfurt 1958

Brand, Das Handelsgesetzbuch mit Ausschluß des Seerechts, Berlin 1911.

Brodmann, Kommentar zum Gesetz betreffend die Gesellschaften mit beschränkter Haftung, 2. Aufl., Berlin/Leipzig 1930 (zitiert: Brodmann, § Anmerkung)

ders., Kommentar zum Aktienrecht, Leipzig/Berlin 1928 (zitiert: AktRecht)

ders., Der Aufsichtsrat der GmbH und das neue Aktiengesetz, in GmbH Rundschau 1937, 700

Buchwald, Die Ausschließung eines GmbH-Gesellschafters aus der Gesellschaft, in BB 1953, 457

Cosack, Lehrbuch des Handelsrechts, 10. u. 11. Aufl., Stuttgart 1923

Crüger-Crecelius, Das Reichsgesetz, betreffend die Gesellschaften mit beschränkter Haftung, Systematische Darstellung und Kommentar, 6. Aufl., 1922

Däumling, Minderheitsrechte in der Aktiengesellschaft, Diss. Erlangen 1902

Dreher, Die Gesellschaft mit beschränkter Haftung. Ihr wirkliches Wesen und ihre wirtschaftliche Gestalt, Stuttgart 1931

Düringer-Hachenburg-Lehmann, Das Handelsgesetzbuch vom 10. Mai 1897, Bd. III, 5. Lieferung, §§ 250—259, 3. Aufl., Mannheim/Berlin/Leipzig 1933

Eichler, Die Rechtslehre vom Vertrauen. Privatrechtliche Untersuchungen über den Schutz des Vertrauens, Tübingen 1950

Enneccerus-Nipperdey, Lehrbuch des Bürgerlichen Rechts, 1. Bd., Allgemeiner Teil des bürgerlichen Rechts, Erster Halbband, 14. Aufl., Tübingen 1952

Entwurf eines Gesetzes betreffend die Gesellschaften mit beschränkter Haftung nebst Begründung und Anlagen, Amtliche Ausgabe, Berlin 1891 (zitiert: Entwurf z. GmbHG, Amtl. Begründung)

Entwurf eines Gesetzes über die Gesellschaften mit beschränkter Haftung nebst Amtlicher Begründung von 1940. Herausgegeben vom Reichsjustizministerium (nicht veröffentlicht) (zitiert: Entwurf zum GmbHG 1940)

Entwurf eines Aktiengesetzes und eines Einführungsgesetzes zum Aktiengesetz nebst Begründung (Regierungsentwurf), Bonn 1961 (zitiert: RegEntw. AktG)

Esser, Kommentar zum Reichsgesetz betreffend die Gesellschaft mit beschränkter Haftung, Berlin 1892

Feine, Die Gesellschaft mit beschränkter Haftung, in Ehrenberg, Handbuch des gesamten Handelsrechts, Dritter Band, III. Abteilung, Leipzig 1929

Filbinger, Die Schranken der Mehrheitsherrschaft im Aktienrecht und Konzernrecht, Berlin 1942

Fischer, C., Die Gesellschaft mit beschränkter Haftung. Eine gesellschaftsrechtliche und wirtschaftshistorische Studie, Berlin/Göttingen/Heidelberg 1948

Fischer, C. E., „Die Grundrechte" für den Einzelaktionär und für Minderheiten, in DB 58, 1263

Fischer, R., Die Aktiengesellschaft, in Ehrenbergs Handbuch des gesamten Handelsrechts, 3. Band, I. Abteilung, Leipzig 1916

Fischer, R., Zulässigkeit und Wirkung von Abstimmungsvereinbarungen, in GmbH Rundschau 53, 65

Flume, Grundfragen der Aktienrechtsreform, Düsseldorf 1960

Forster, Aktienrechtsreform und Sonderprüfung, in AG 62, 233

Fränkel, Die Gesellschaft mit beschränkter Haftung. Eine volkswirtschaftliche Studie, Tübingen 1915

Freymuth, Die GmbH in der Rechtsprechung der deutschen Gerichte von 1911 bis 1916, Köln 1919

Gall, Zur Reform des Gesetzes betreffend die Gesellschaften mit beschränkter Haftung, Diss. Frankfurt 1938

Gellis, Kommentar zum GmbH-Gesetz, Wien 1960

Gercke, Die Ausschließung eines Gesellschafters aus der GmbH bei Schweigen des Gesellschaftsvertrages, Diss. Hamburg 1958

Gessler, Auskunftsrecht des Aktionärs, Gedanken zur Aktienrechtsreform, in BB 57, 1254

Gierke, J. v., Handelsrecht und Schiffahrtsrecht, 8. Aufl., Berlin 1958 (zitiert: J. v. Gierke, Handelsrecht)

ders., Besprechung von Hueck, Der Treuegedanke im modernen Privatrecht, in ZHR 111, 190

Gierke, O. v., Die Genossenschaftstheorie und die deutsche Rechtsprechung, Berlin 1887

v. Godin-Wilhelmi, Kommentar zum Aktiengesetz, 2. Aufl., Berlin 1950

Großkommentar zum Aktiengesetz, Begründet von Gadow, Heinichen, Schmidt, Weipert, 2. Aufl., 1. Band, §§ 1—144, Berlin 1961 (zitiert: Großkommentar zum AktG)

Groschuff, Kommentar zum Reichsgesetz betreffend die Gesellschaften mit beschränkter Haftung, Berlin 1936

Großmann-Doerth, Reform des Gesetzes betreffend die Gesellschaft mit beschränkter Haftung in Gutachten des 5. Deutschen Juristen-Tages in der Tschechoslowakei, Prag 1931

Grussendorf, Anmerkung zu LG Frankfurt, in DNotZ 52, 40

Hachenburg, Kommentar zum Gesetz betreffend die Gesellschaften mit beschränkter Haftung, 6. Aufl., 1. Band, §§ 1—34, Berlin 1956, 6. Aufl., 2. Band §§ 35—84, Berlin 1959 (zitiert: Hachenburg)

ders., Kommentar zum Gesetz betreffend die Gesellschaft mit beschränkter Haftung, 5. Aufl., 2. Band, §§ 35—84, Berlin/Leipzig 1927 (zitiert: Hachenburg 5. Aufl.)
ders., Aus dem Recht der Gesellschaft mit beschränkter Haftung, Kap. V, Bedarf die Gesellschaft mit beschränkter Haftung einer Reform?, in LZ 1909, Sp. 15
Handwörterbuch der Sozialwissenschaften, 7. Band, Stuttgart/Tübingen/Göttingen 1961
Haupt, Gesellschaftsrecht, 3. Aufl., 1944, Tübingen
Haupt-Reinhardt, Gesellschaftsrecht, Lehrbuch, 4. Aufl., Tübingen 1952
Heining, Das Recht des GmbH-Gesellschafters auf Einsicht der Bücher, in GmbH Rundschau 50, 12
ders., Das Auskunftsrecht der GmbH-Gesellschafter, in GmbH Rundschau 1959, 85
Höpp, Aktienrechtsreform und Arbeitnehmer in AG 63, 7
Horrwitz, Das Recht der Generalversammlungen der Aktiengesellschaften und Kommanditgesellschaften auf Aktien, Berlin 1913
Hueck, Gesellschaftsrecht, Ein Studienbuch, 10. Aufl., München/Berlin 1960 (zitiert: Hueck, Gesellschaftsrecht)
ders., Das Recht der offenen Handelsgesellschaft, 2. Aufl., Berlin 1951 (zitiert: Hueck, OHG)
ders., Der Treuegedanke im modernen Privatrecht, 1947 (zitiert: Hueck, Treuegedanke)
ders., Gedanken zur Reform des Aktienrechts und des GmbH-Rechts, Vortrag gehalten vor der Berliner Juristischen Gesellschaft am 9. November 1962, Berlin 1963 (zitiert: Hueck Reform)
ders., Die Bedeutung der Zwangsamortisation von Geschäftsanteilen für die Sanierung einer Finanzierungs-GmbH, in DB 1957, 37
ders., Ausschluß eines Gesellschafters aus einer GmbH, in DB 1951, 108
ders., Anmerkung zu LG Frankfurt in NJW 51, 714
ders., Anmerkung zu BGH vom 2. 7. 57, in JZ 57, 626
Klausing, Die Neuordnung der Gesellschaft mit beschränkter Haftung, 1. Arbeitsbericht zur Reform der GmbH, Frankfurt a. M. 1938, Arbeitsberichte der Akademie für Deutsches Recht Nr. 5 (zitiert: Klausing 1. Bericht)
ders., Die Neuordnung der Gesellschaft mit beschränkter Haftung, 2. Arbeitsbericht des „Ausschusses für Gesellschaften mit beschränkter Haftung“ der Akademie für Deutsches Recht, Frankfurt a. M. 1940, Arbeitsbericht der Akademie für Deutsches Recht Nr. 13 (zitiert: Klausing 2. Bericht)
ders., Textausgabe des Reichsgesetzes betreffend die Gesellschaft mit beschränkter Haftung. Eingeleitet von Klausing, Berlin 1929 (zitiert: Klausing Textausgabe Einleitung)
ders., Reform des Aktienrechts, Berlin/Wien 1933 (zitiert: Klausing Reform)
Knöpfel, Die Treuepflicht im Recht der GmbH, Diss. München 1954
Knur, Fragen der GmbH-Reform, in DNotZ 61, 299
ders., Einführung zur 1. Arbeitssitzung des Deutschen Notartages 1961, in Deutscher Notartag 1961, S. 47, München/Berlin 1961
Köhler, Zur Pflichtprüfung und Publizitätspflicht der Gesellschaften mit beschränkter Haftung, in GmbH Rundschau 56, 113
Küster, Inhalt und Grenzen der Rechte der Gesellschafter, insbesondere des Stimmrechts im deutschen Gesellschaftsrecht, Berlin 1954
ders., Die Ausschließung aus der GmbH, in JR 1952, 455
Laband, Der Begriff der Sonderrechte nach deutschem Recht, in Annalen des Deutschen Reiches (Hirth) 1874, 1487
Lang-Weidmüller, Genossenschaftsgesetz, 27. Aufl., Berlin 1959
Lehmann, H., Gesellschaftsrecht, 2. Aufl., Berlin/Frankfurt 1959

Lehmann, Karl, Das Recht der Aktiengesellschaft, 2. Band, Berlin 1904
Lendle, Minderheitsrechte und Minderheitsschutzbestimmungen im Aktienrecht, Diss. Frankfurt/Main 1933
Liebel, Die wirtschaftliche Struktur der GmbH, Betriebs- und finanzwirtschaftliche Forschungen II. Serie, Heft 55, 1931
Liebmann, Die Vereinheitlichung des deutschen und österreichischen Rechtes der Gesellschaften mit beschränkter Haftung, in ZHR 73, 1
Liebmann-Saenger, Kommentar zum Gesetz betreffend die Gesellschaften mit beschränkter Haftung, 7. Aufl., Berlin 1927
Mainzer, Die Stellung der Minderheit im Aktienrecht, Diss. Heidelberg 1934
Makower, Handelsgesetzbuch mit Kommentar, Erster Band, Buch I und II (Handelsstand und Gesellschaften), 13. Aufl., Berlin 1906
Mangold, Ausschließung eines Gesellschafters aus der GmbH, in BB 53, 398
Marcus, Die Klage des Gesellschafters einer GmbH auf deren Auflösung durch Richterspruch, in Monatsschrift für Handelsrecht und Bankwesen, 1907 S. 9
Masur, Zum Ausschluß eines Gesellschafters einer GmbH aus wichtigem Grunde, in NJW 49, 407
Mezger, Ausschließung eines Gesellschafters aus einer GmbH, Diss. Hamburg 1960
Mestmäcker, Verwaltung, Konzerngewalt und Rechte der Aktionäre, Karlsruhe 1958
Meyer-Meulenbergh, Genossenschaftsgesetz, 9. Aufl., München/Berlin 1961
Molitor, Die ausländische Regelung der GmbH und die deutsche Reform, Berlin 1927
Müller-Erzbach, Deutsches Handelsrecht, 2. und 3. Aufl., Tübingen 1928
ders., Das private Recht der Mitgliedschaft als Prüfstein eines kausalen Rechtsdenkens, Weimar 1948 (zitiert: Prüfstein)
Mugdan-Falkmann, Die Rechtsprechung der Oberlandesgerichte auf dem Gebiet des Zivilrechts
Neflin, Mittel und Möglichkeiten gegen Überfremdung einer GmbH, in GmbH Rundschau 63, S. 22
Neubert, Minderheitenschutz durch Abschlußprüfer; Gedanken zur Aktienrechtsreform, in DB 59, 703
Neukamp, Das Reichsgesetz betreffend die Gesellschaften mit beschränkter Haftung, Berlin 1893
ders., Bedarf die Gesellschaft mit beschränkter Haftung einer Reform?, in LZ 1909, Sp. 416
ders., Empfiehlt es sich, das im Deutschen Reich und Österreich geltende Recht der Gesellschaften mit beschränkter Haftung zu vereinheitlichen und welche Sonderbestimmungen des österreichischen Gesetzes vom 6. 3. 1906 würden sich vorzugsweise zur Aufnahme in das einheitliche Recht eignen. In Verhandlungen des 31. Deutschen Juristentages, 2. Band, S. 221, Berlin 1912
Parisius, Die Genossenschaftsgesetze im Deutschen Reich, Berlin 1876
Paulick, Das Recht der eingetragenen Genossenschaft, Bd. IX der Quellen und Studien des Instituts für Genossenschaftswesen an der Universität Münster, Karlsruhe 1956
Petersen, Die personengesellschaftliche Struktur der GmbH, Diss. Kiel 1954
Pietreich, Empfiehlt es sich, das im Deutschen Reich und in Österreich geltende Recht der Gesellschaften mit beschränkter Haftung zu vereinheitlichen und welche Sonderbestimmungen des österreichischen Gesetzes vom 6. 3. 1906 würden sich vorzugsweise zur Aufnahme in das einheitliche Recht eignen? In Verhandlungen des 31. Deutschen Juristentages, 2. Band, S. 314, Berlin 1912
Pinzger, Gesetz, betreffend die Gesellschaften mit beschränkter Haftung, Berlin/Stuttgart/Leipzig 1914

Referentenentwurf eines Aktiengesetzes, Köln 1958 (zitiert: Ref.Entw. AktG)
Rehfeldt, Die Minderheitsrechte der Aktionäre, Begriff, Theorie und Praxis, Reformvorschläge, Diss. Jena 1914
Reidnitz, Die GmbH in der Rechtsprechung der deutschen Gerichte seit 1892, Köln 1919
Reinhardt, Die Gesellschaften mit beschränkter Haftung, Lehr- und Nachschlagebuch, 3. Aufl., Berlin 1927
Reinicke, Das Auskunftsrecht des Aktionärs, in Beiträge zur Aktienrechtsreform, S. 117, Heidelberg 1959
RGR-Kommentar zum HGB, 2. Aufl., II. Bd., Berlin 1950
Riesser, Zur Revision des Handelsgesetzbuches, Beilage zu ZHR 35 (1889)
Ritter, Kommentar zum Aktiengesetz, Berlin/München 1939
Römer, Die Gestaltung der Gesellschaft mit beschränkter Haftung nach geltendem und kommendem Recht, in Deutscher Notartag 1961, S. 49, München/Berlin 1961
Rückersberg, Minderheitenschutz bei der GmbH, in HansRGZ 1940, Abteilung A, Sp. 205
Ruth, Anmerkung zu RG vom 22. 9. 33, in JW 33, 2104
Schaefer, Die Notwendigkeit der Beibehaltung der GmbH und ihre Verpersönlichung, Diss. Köln 1937
Schilling, Wandlungen des modernen Gesellschaftsrechts, in JZ 53, 489
ders., Anmerkung zu BGH, in JZ 55, 49
Schlegelberger-Quassowski, Kommentar zum Aktiengesetz, 1. Aufl., Berlin 1937
Schmidt d. J., Die GmbH in der Steuerpolitik, Eine Denkschrift zur Umgestaltung der gegenwärtigen GmbH-Besteuerung auf Grund einer Untersuchung des wirtschaftlichen Wesens der GmbH, Köln 1934 (zitiert: Denkschrift)
Schmidt, H. M., Die gegenseitige Treupflicht der GmbH-Gesellschafter, in GmbH-Rundschau 1960, S. 137
Schnorr von Carolsfeld, Bemerkungen zum Genossenschaftsrecht, in ZgGenW 9, 50
Scholz, Kommentar zum GmbH-Gesetz, 4. Aufl., Köln/Marienburg 1960 (zitiert nach §§)
ders., Ausschluß eines Gesellschafters aus der GmbH, in GmbH-Rundschau 1952, S. 17
ders., Ausschließung und Austritt aus der GmbH, Der Rechts- und Steuerdienst, Heft 4, 3. Aufl., Köln 1950 (zitiert: Scholz, Ausschließung)
ders., Die Rechte eines Minderheitsgesellschafters in der GmbH, in GmbH-Rundschau 1955, S. 36
ders., Kündigung seitens des GmbH-Gesellschafters, in JR 1948, 115
Scholz-Fischer, Klein-Kommentar zum GmbH-Gesetz, 6. Aufl., Köln 1962
Schwab, Zur Reform der Gesellschaft mit beschränkter Haftung, Diss. Tübingen 1935
Soergel-Siebert, Bürgerliches Gesetzbuch, I. Band, §§ 1—432, 9. Aufl., Stuttgart 1959
Spitaler, Das Wesen eines Geschäftsanteiles an einer GmbH, in GmbH-Rundschau 1950, S. 153
Stammberger, Leitlinien der Aktienrechtsreform, in Zur großen Aktienrechtsreform, Referate und Diskussionen einer Fachtagung der Forschungsstelle, S. 13, Schriftenreihe der Forschungsstelle der Friedrich-Ebert-Stiftung, A. Sozialwissenschaftliche Schriften, Hannover 1962
Statistisches Bundesamt, Statistisches Jahrbuch für die Bundesrepublik Deutschland 1962, Stuttgart/Mainz 1962
Statistisches Reichsamt, Die Gesellschaften mit beschränkter Haftung am 31. Dezember 1936, Statistik des Deutschen Reiches, Bd. 502, Berlin 1937

Staub, Kommentar zum Handelsgesetzbuch, 6. und 7. Aufl., Berlin 1900 (zitiert: HGB)
ders., Kommentar zum Gesetz betreffend die Gesellschaft mit beschränkter Haftung, 1. Aufl., Berlin 1903 (zitiert: GmbHG)
Staub-Pinner, Kommentar zum Handelsgesetzbuch, 9. Aufl., Berlin 1912, 12./13. Aufl., Berlin 1926
Staudinger, Kommentar zum BGB, I. Band, Allgemeiner Teil, § 1—240, 11. Aufl., Berlin 1957
ders., II. Band, Recht der Schuldverhältnisse, Teil 1 b, § 242, 11. Aufl., Berlin 1962
Teichmann-Koehler, Kommentar zum Aktiengesetz, 3. Aufl., Heidelberg 1950
Veith, Ausschließung des lästigen Gesellschafters; Rechtliche Möglichkeiten bei fehlender Satzungsregelung, in DB 48, 443
Vogel, Kommentar zum GmbH-Gesetz, 2. Aufl., Berlin/Frankfurt a. M. 1956
ders., Die Ausschließung eines GmbH-Gesellschafters aus der Gesellschaft, in BB 53, 460
Warneyer-Koppe, Kommentar zum Reichsgesetz betreffend die Gesellschaft mit beschränkter Haftung, Berlin 1924
Warrikoff, Der Rechtsanspruch der Aktionäre auf Dividende im Vergleich mit dem Recht der Vereinigten Staaten, in AG 63, 34
Wieland, Handelsrecht, Erster Band, Das kaufmännische Unternehmen und die Handelsgesellschaften, München/Leipzig 1921 (zitiert: Handelsrecht I)
ders., Handelsrecht, Zweiter Band, Die Kapitalgesellschaften, München/Leipzig 1931 (zitiert: Handelsrecht II)
Winkler-Krämer, Der aktienrechtliche Minderheitenschutz, Berlin/Leipzig 1928
Würdinger, Gesellschaften, 2. Teil: Recht der Kapitalgesellschaften, Hamburg 1943 (zitiert: Würdinger, Kapitalgesellschaften)
ders., Aktienrecht, Eine systematische Darstellung, Karlsruhe 1959 (zitiert: Würdinger, Aktienrecht)
Wulff, Das Ausscheiden eines GmbH-Gesellschafters aus wichtigem Grunde, Diss. Hamburg 1962

Kolibri 360 GmbH
Ferdinand-Jühlke-Straße 7
99095 Erfurt, Deutschland
produktsicherheit@kolibri360.de